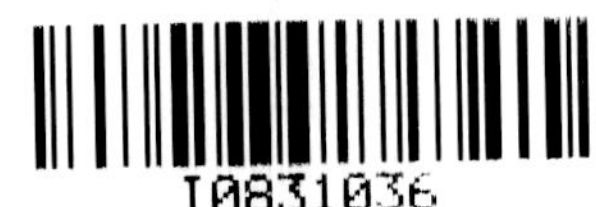

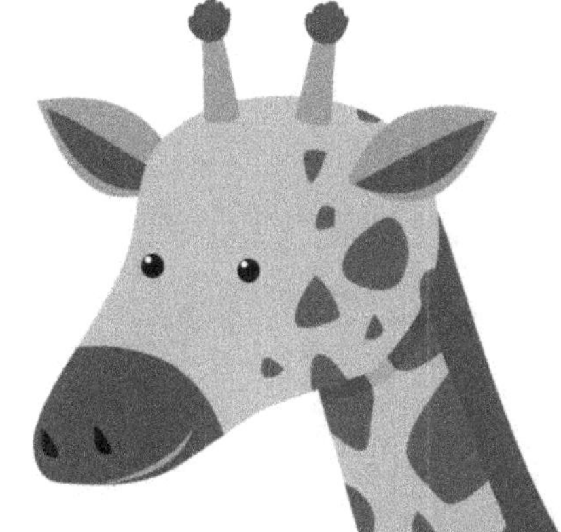

THiS BOOK BELONGS TO:

☐☐☐☐☐☐☐☐☐☐☐☐☐☐☐☐☐☐☐☐☐☐☐☐☐☐

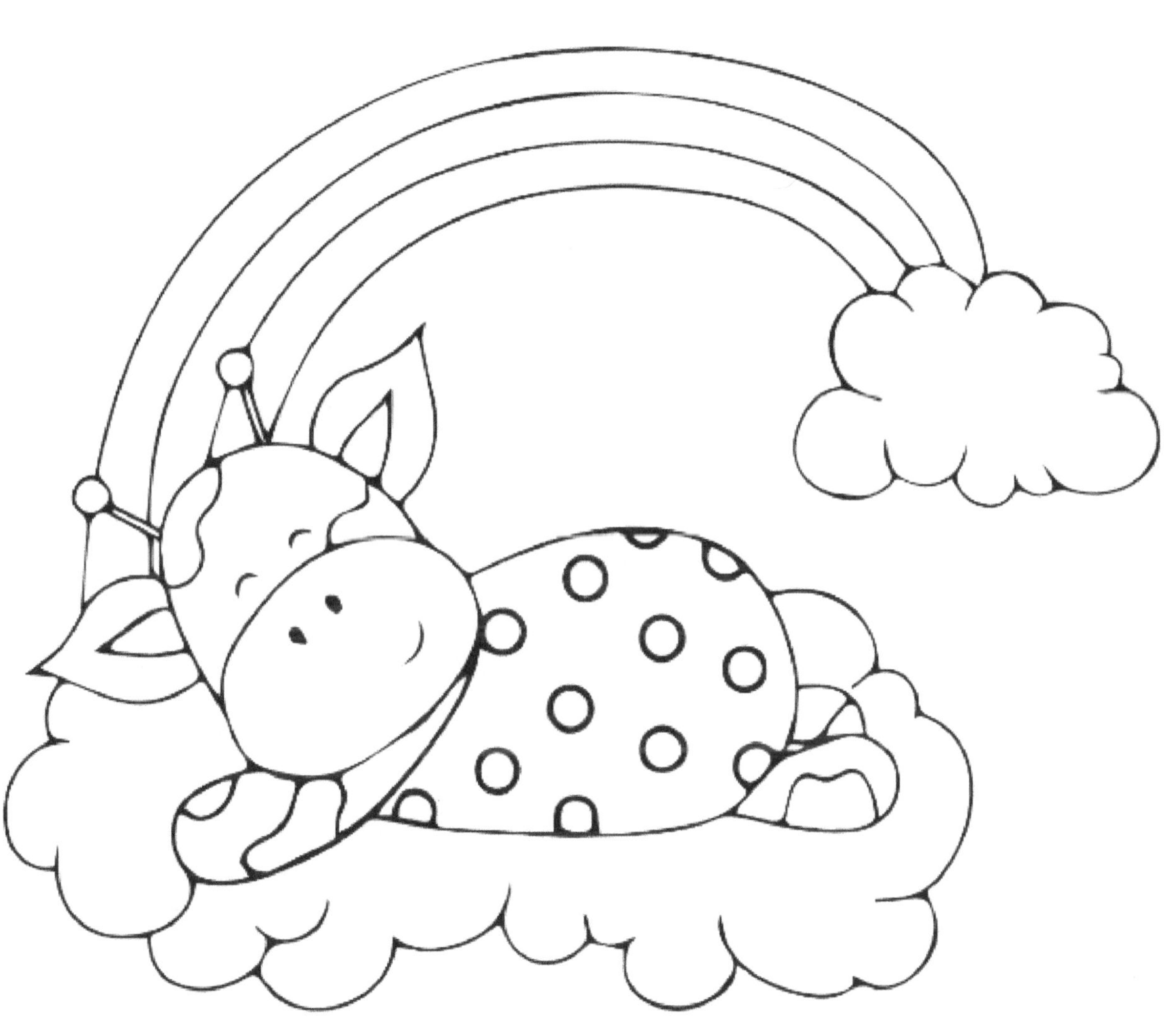

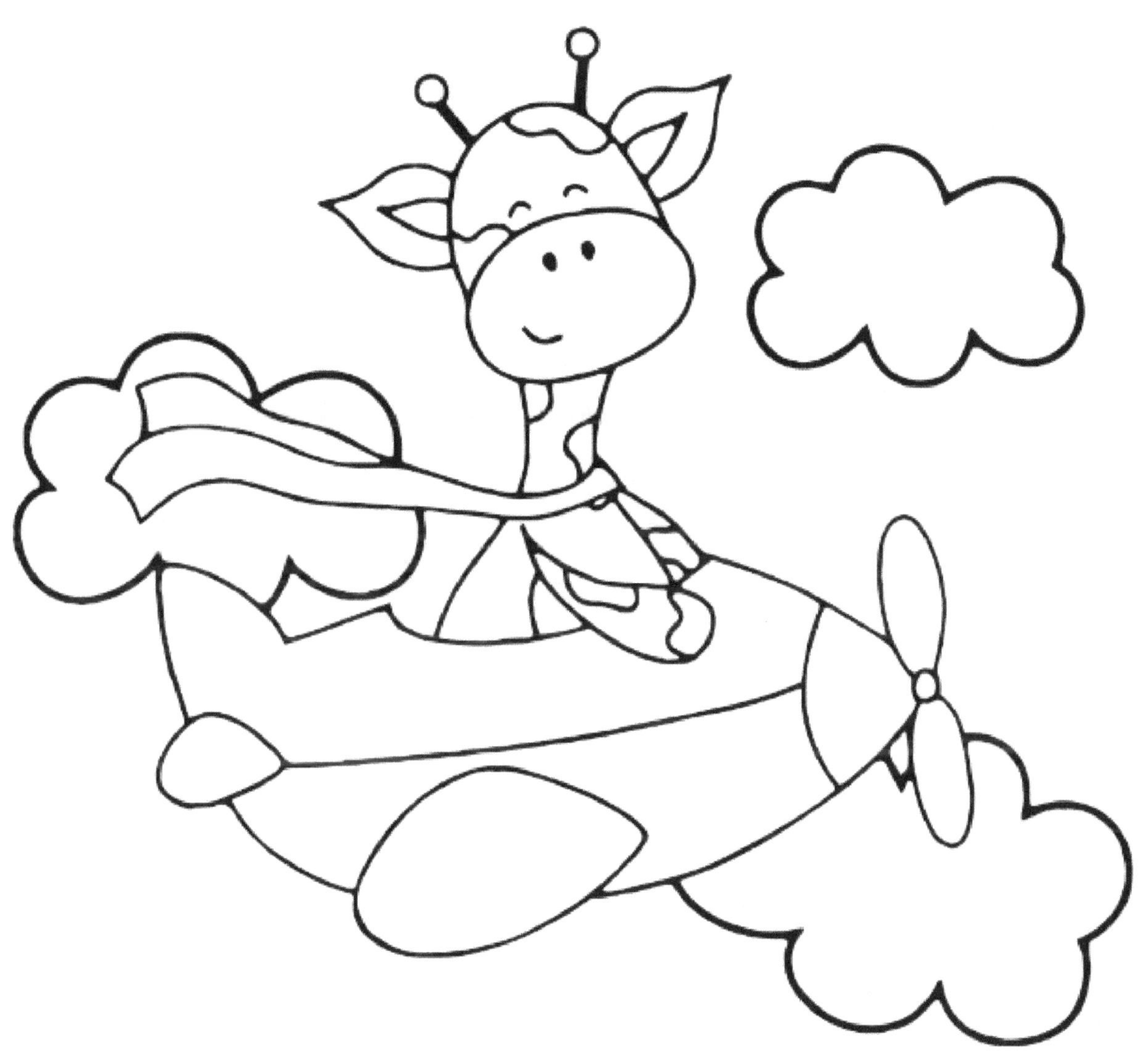

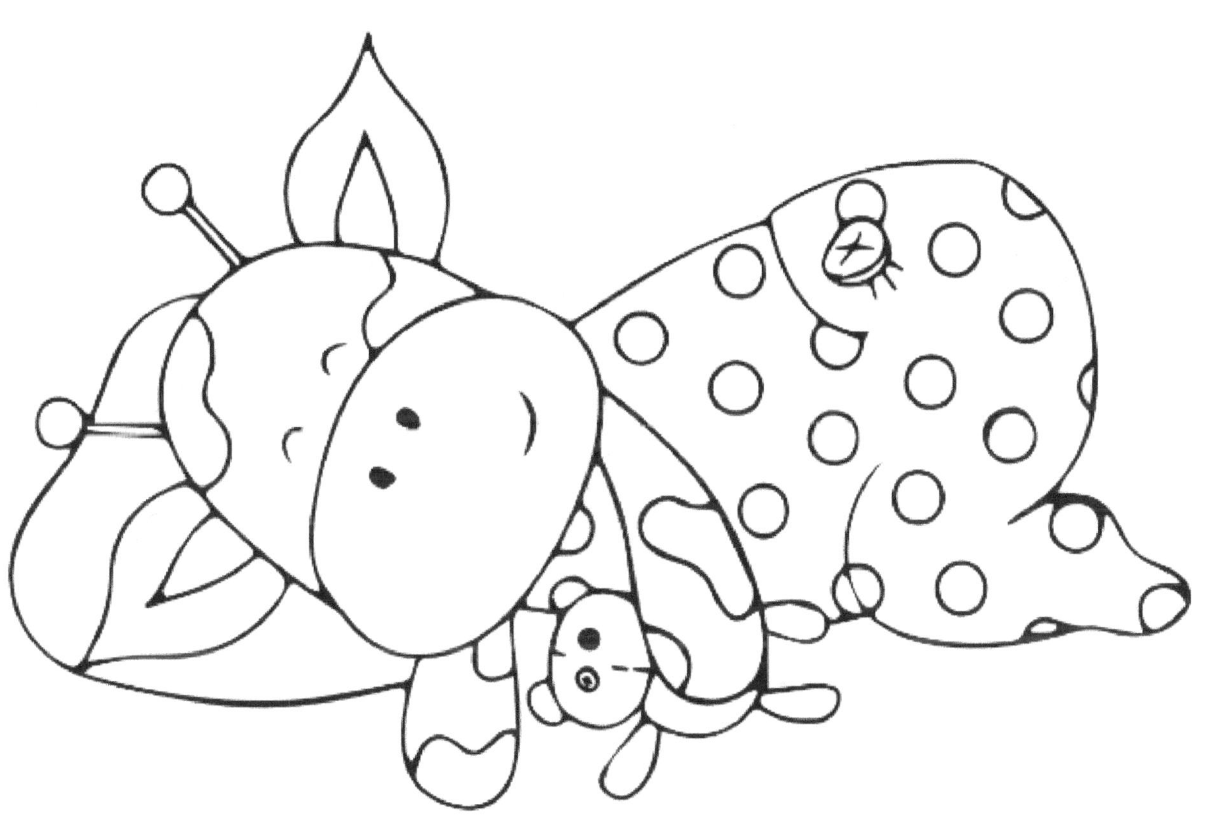

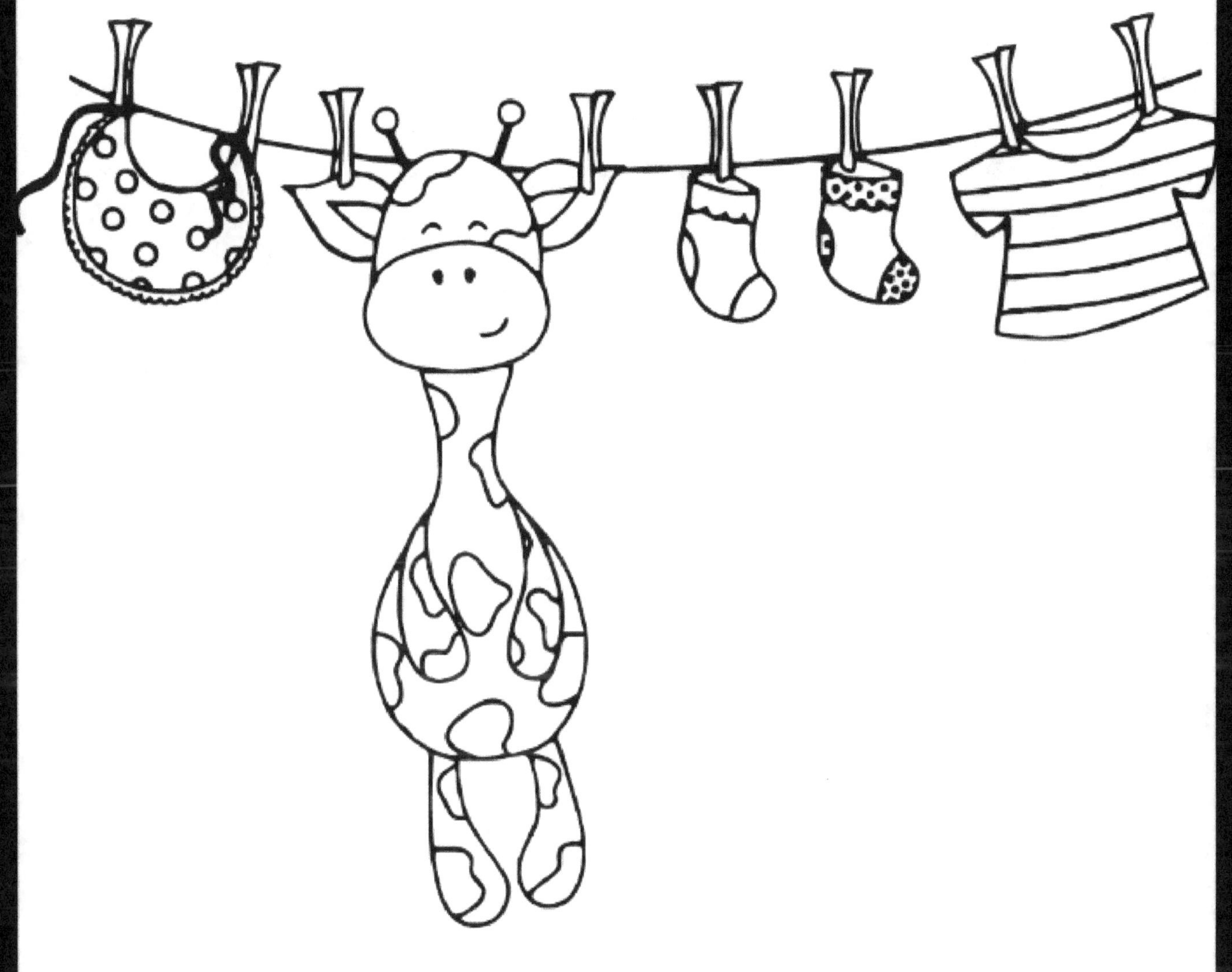

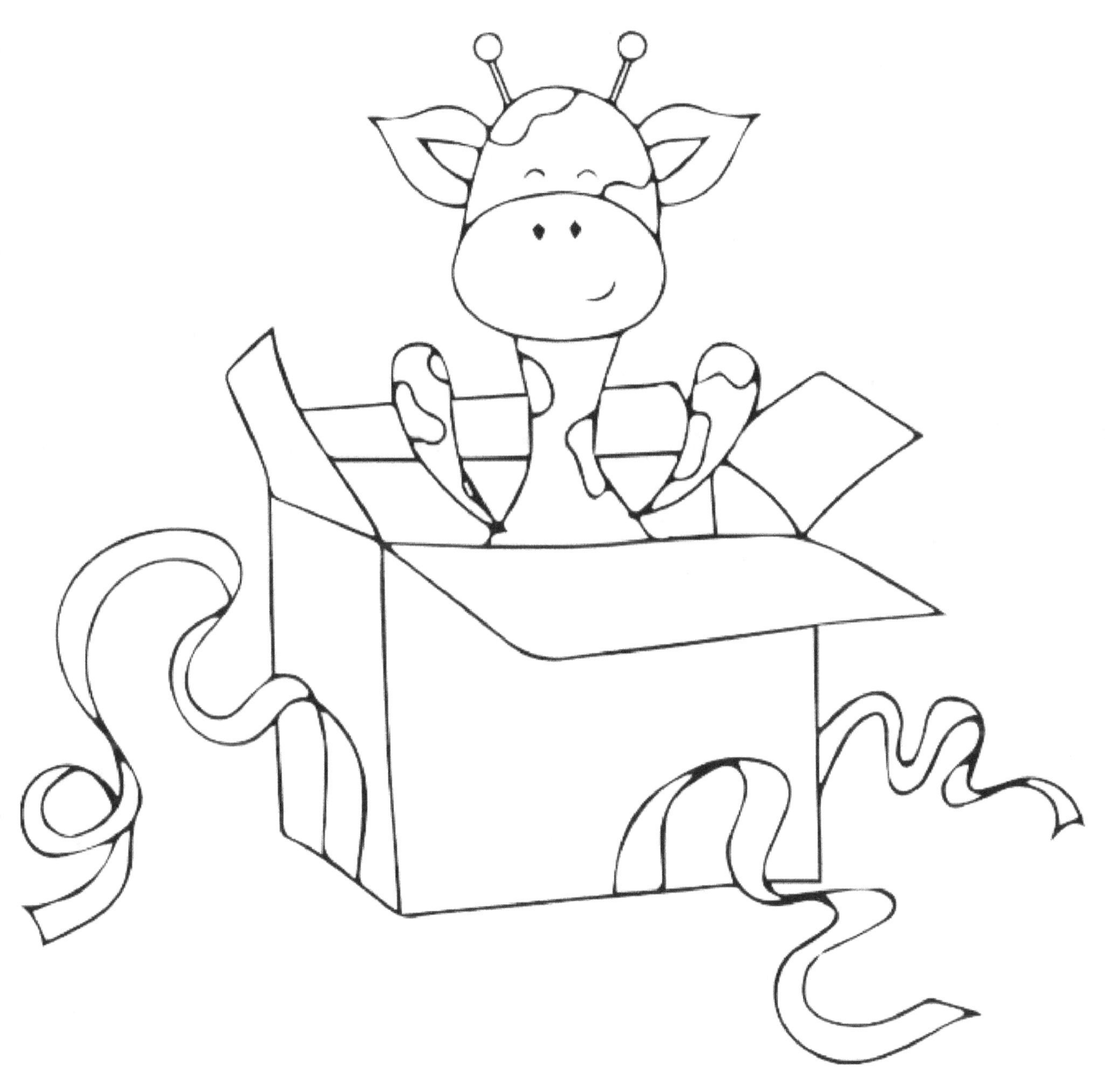

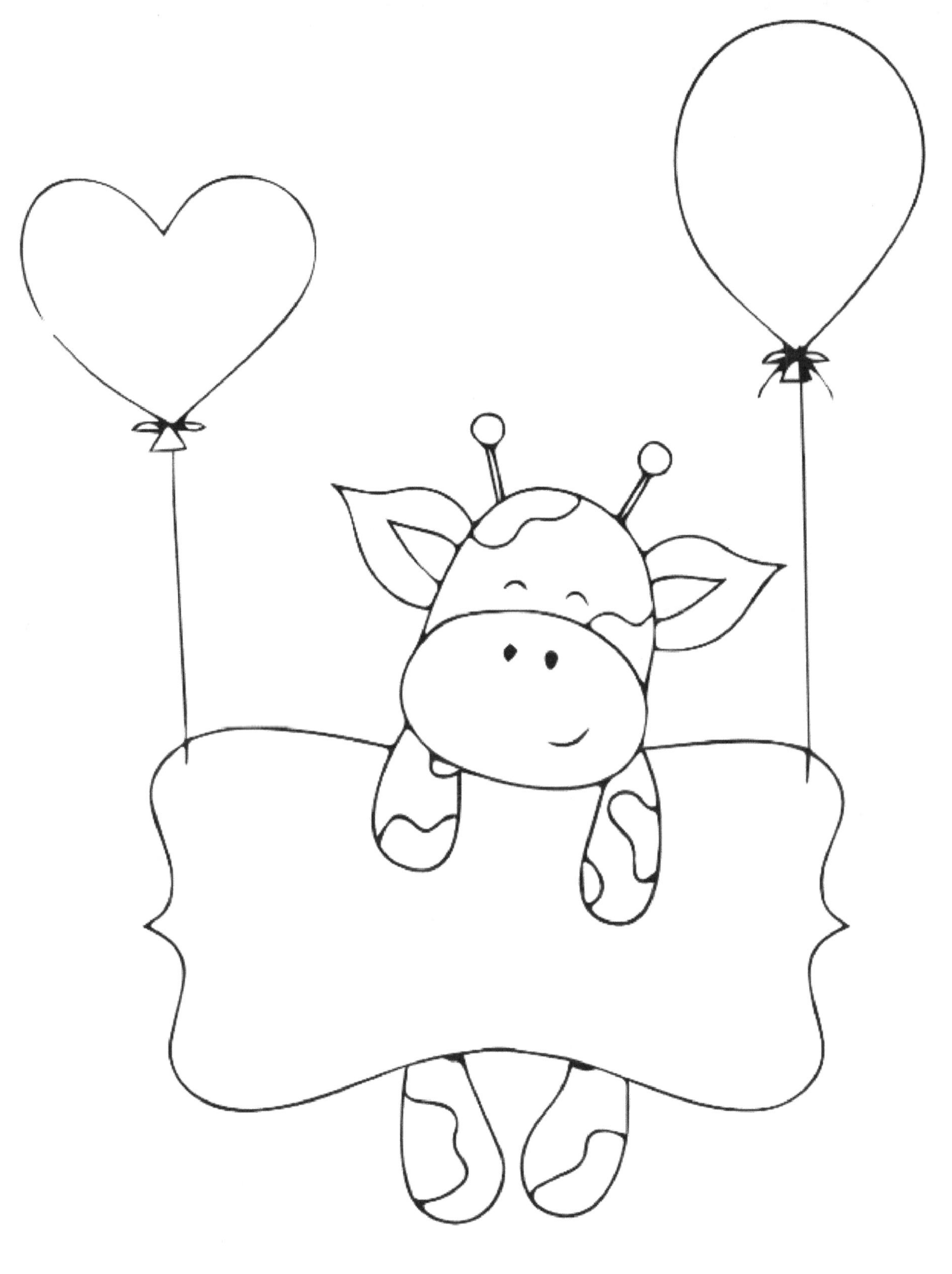

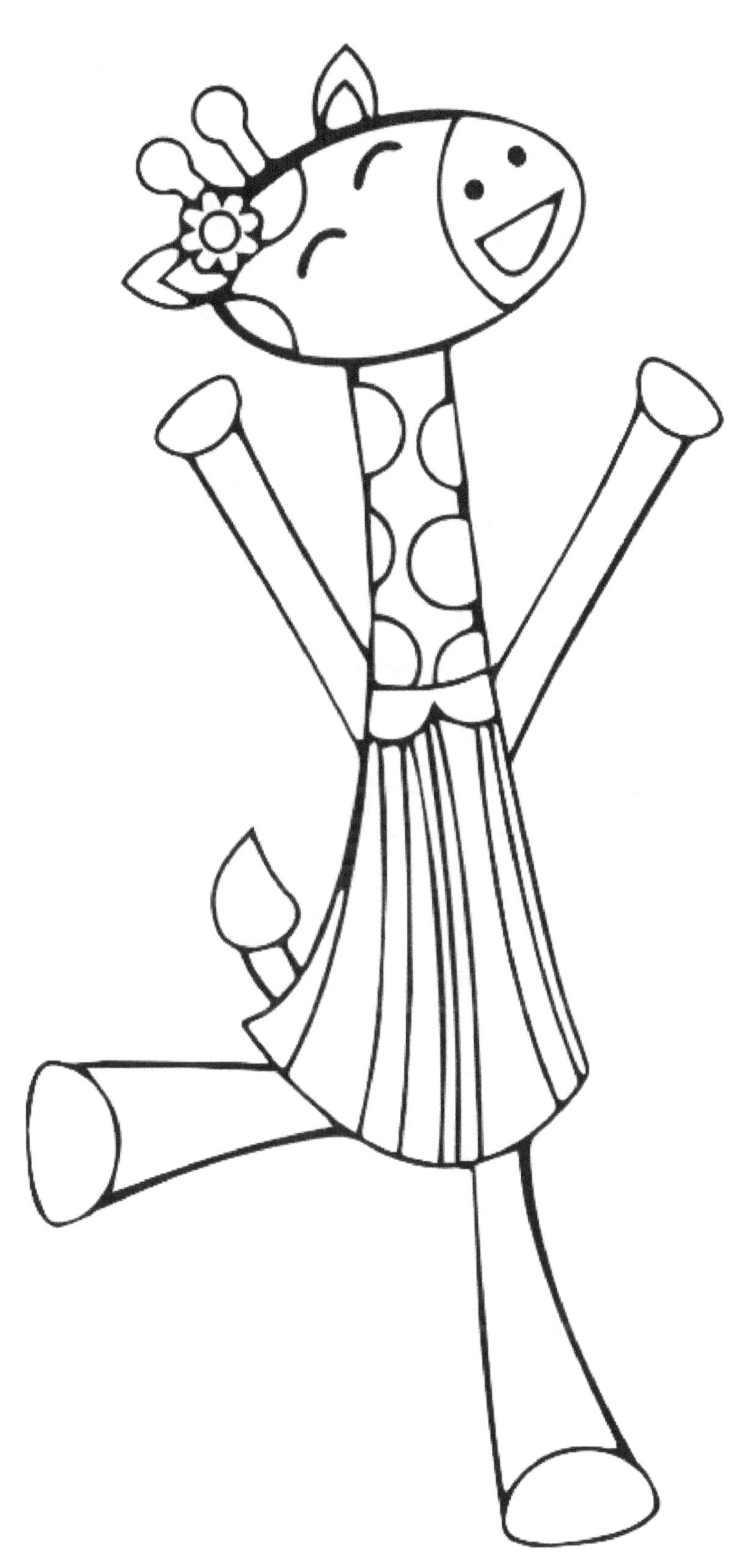

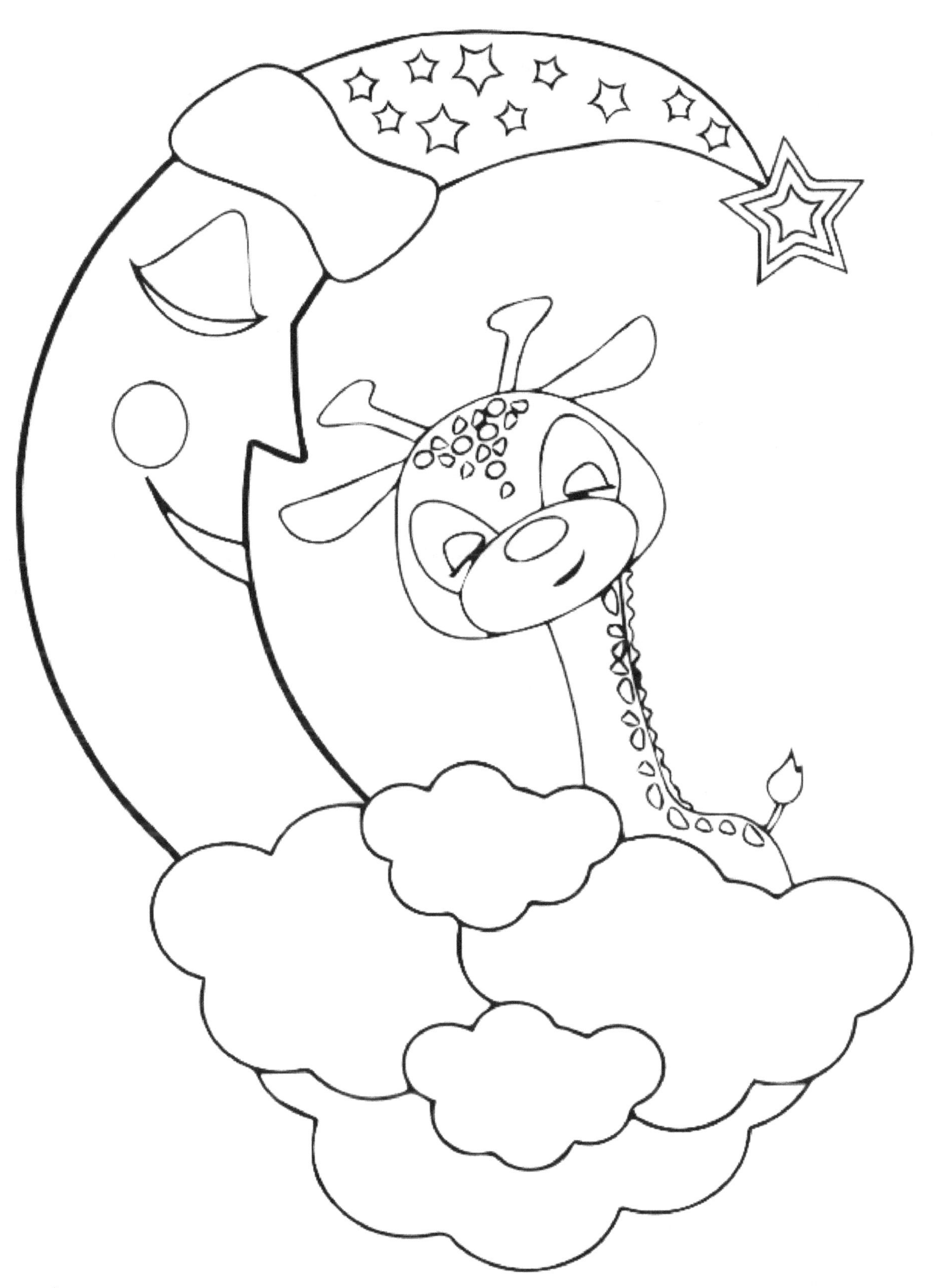

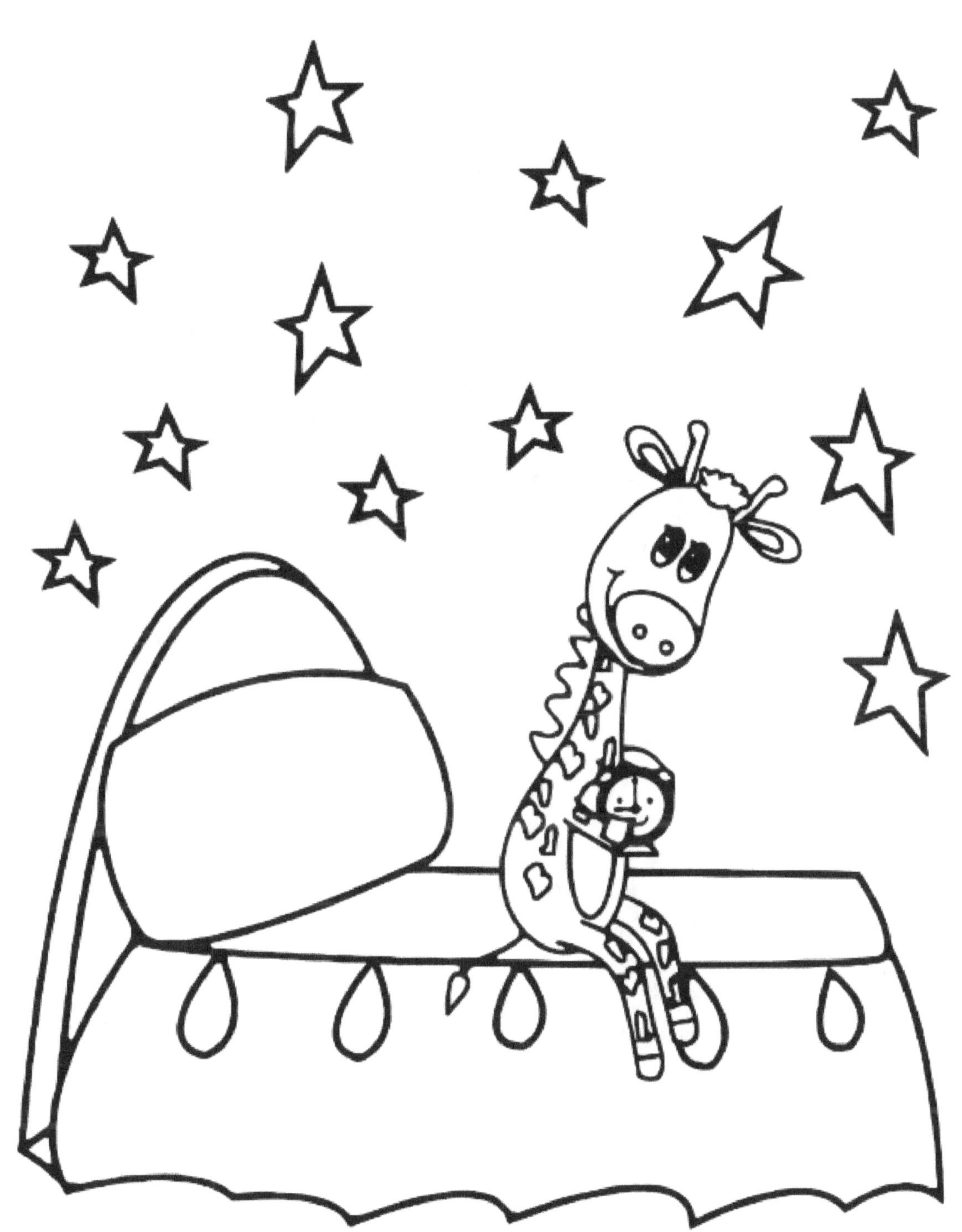

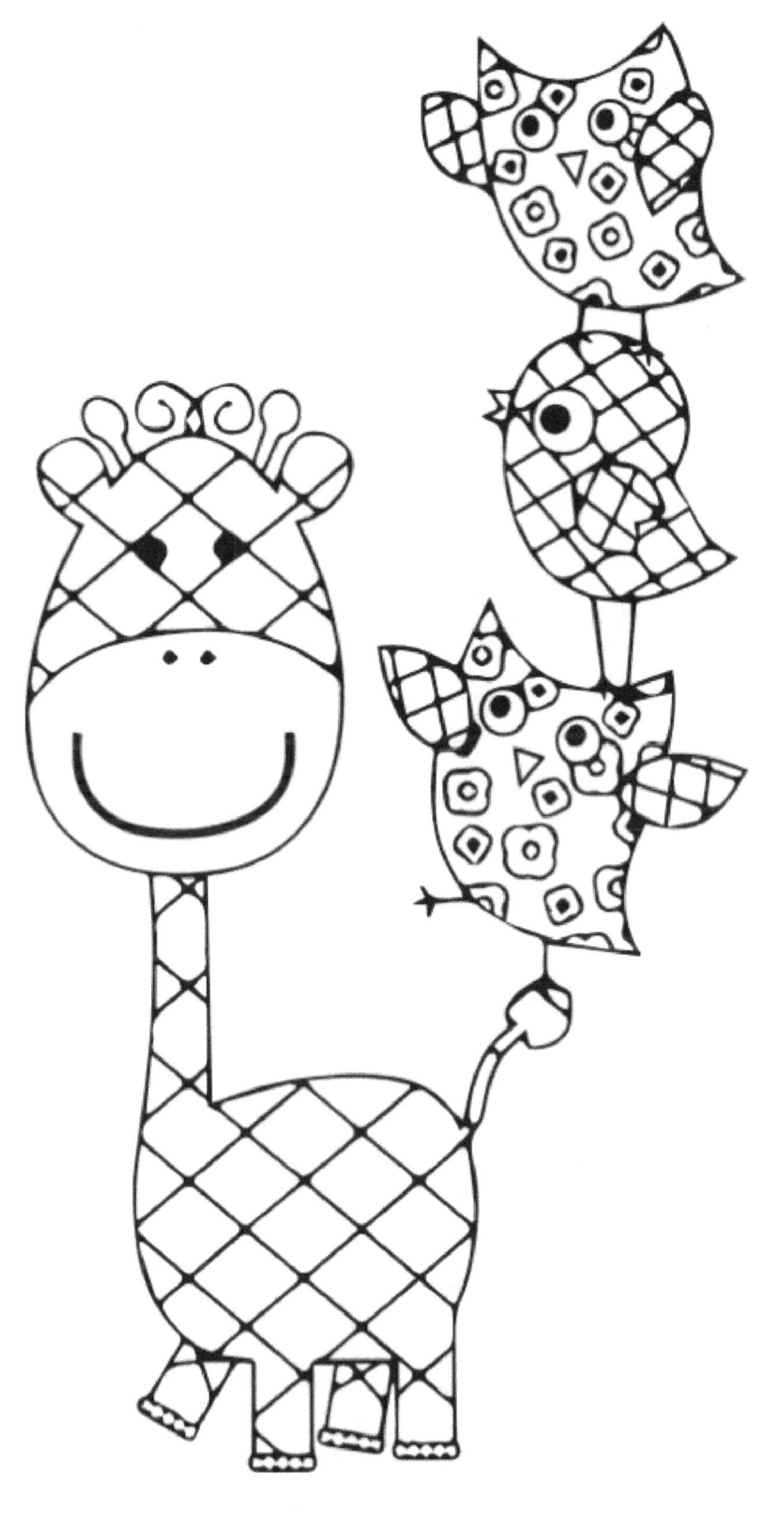

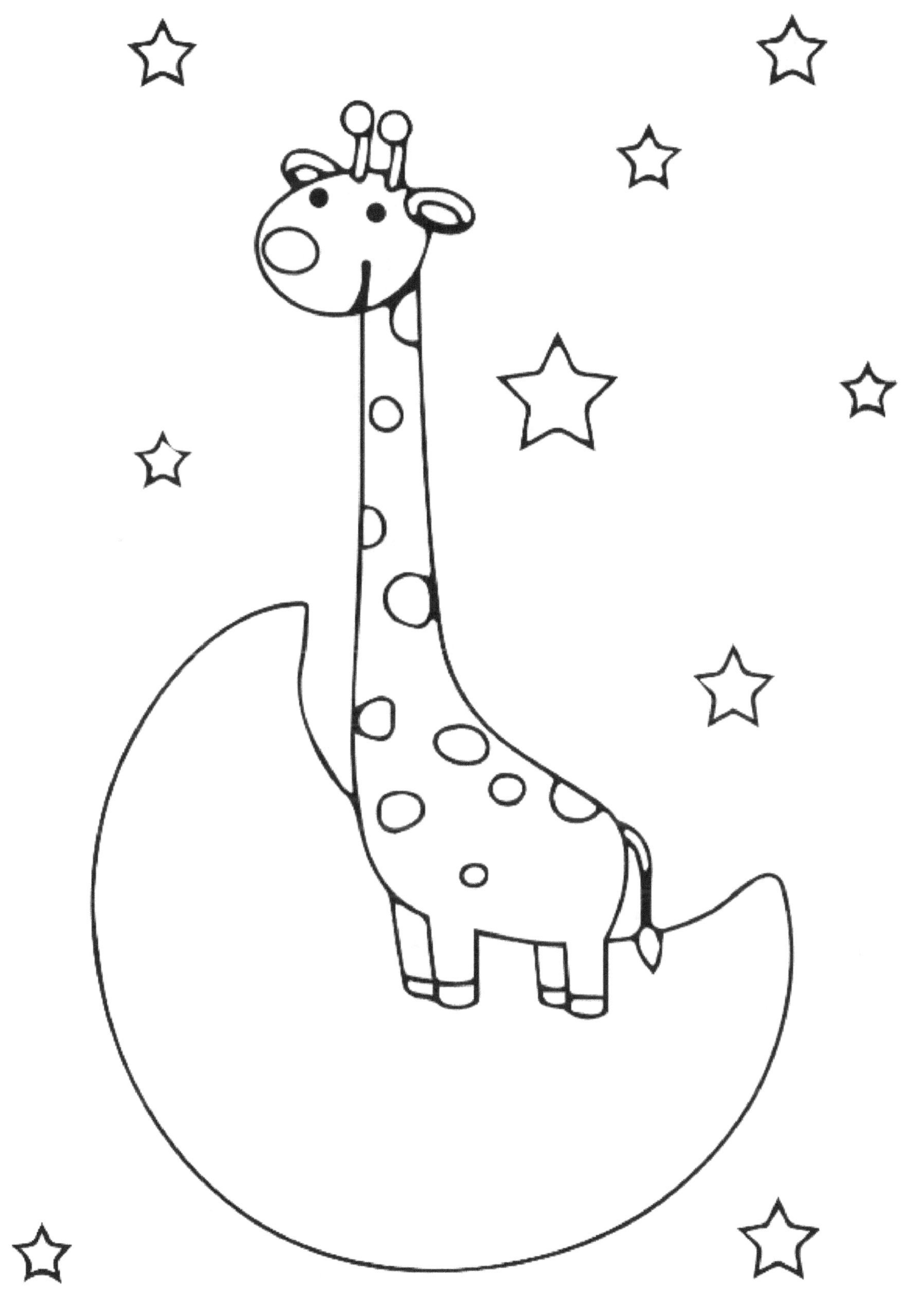

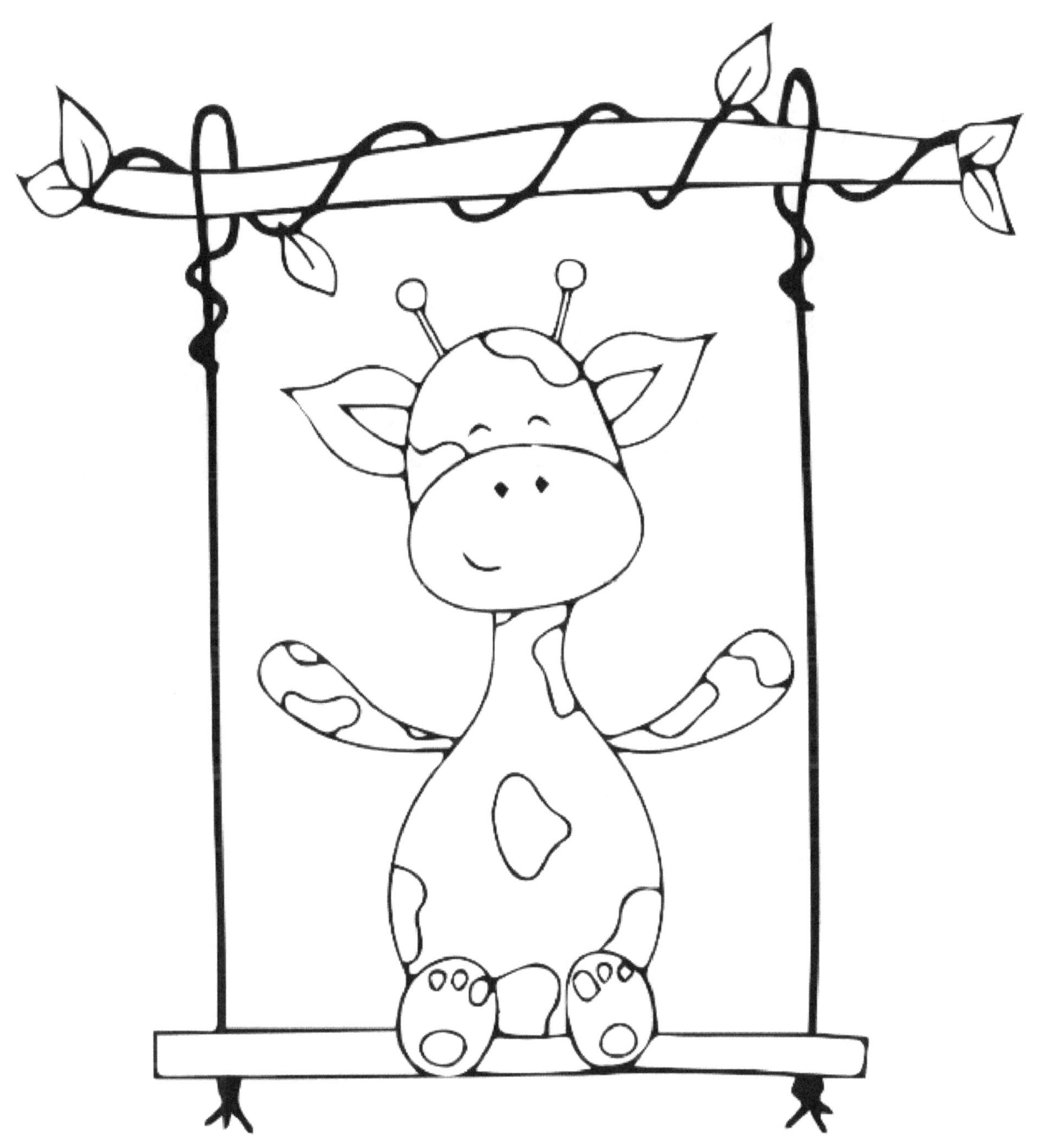

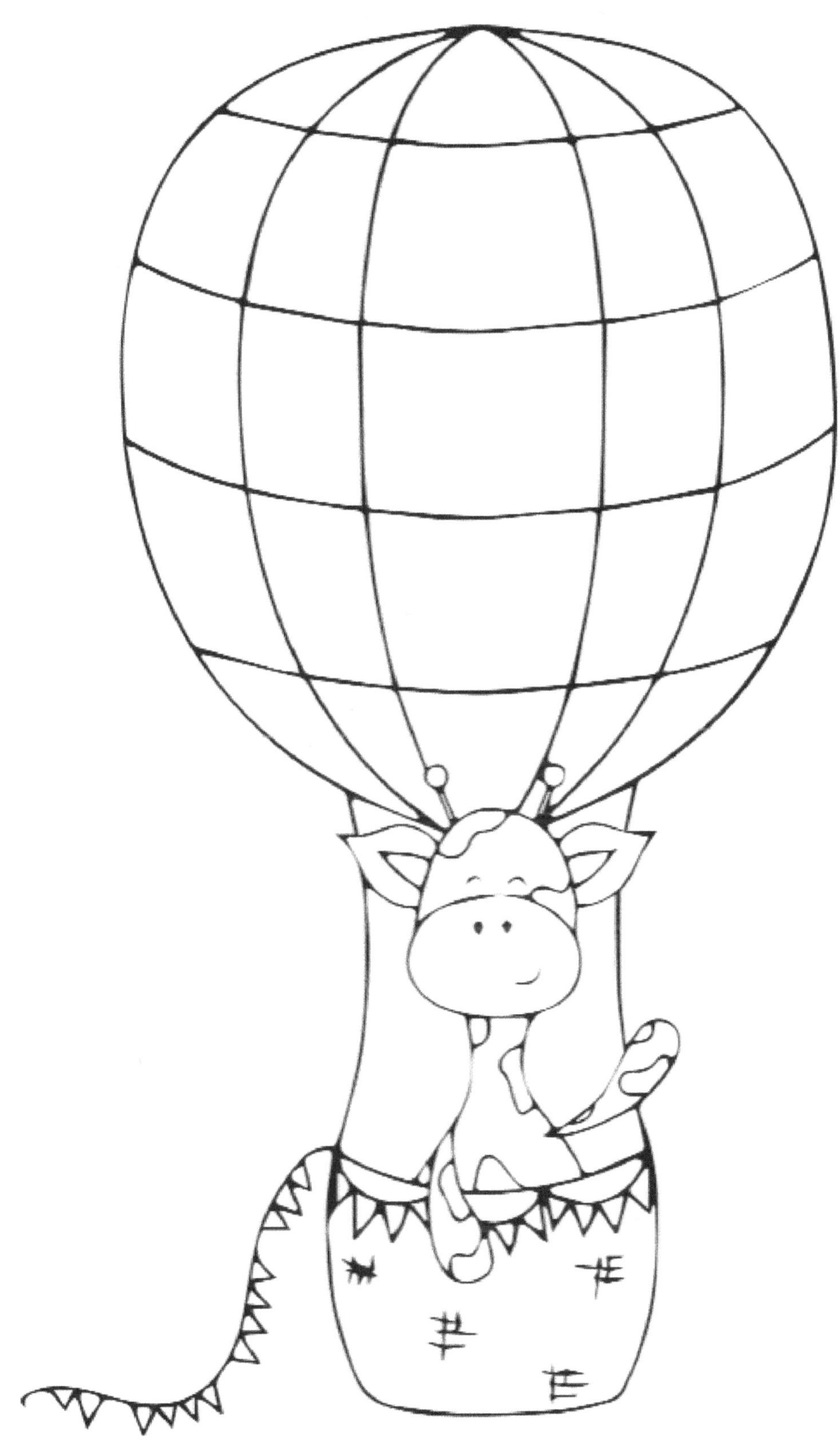

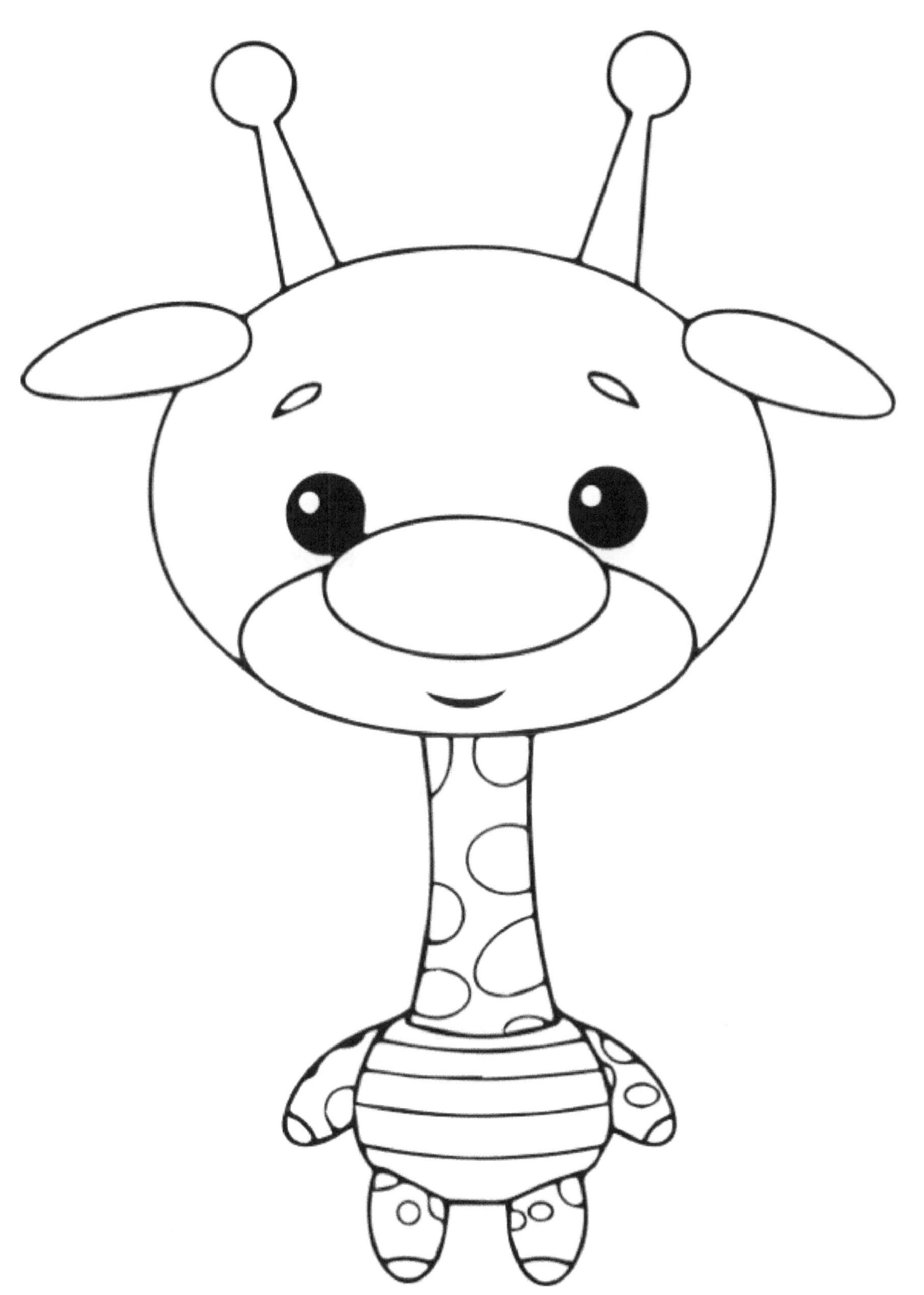

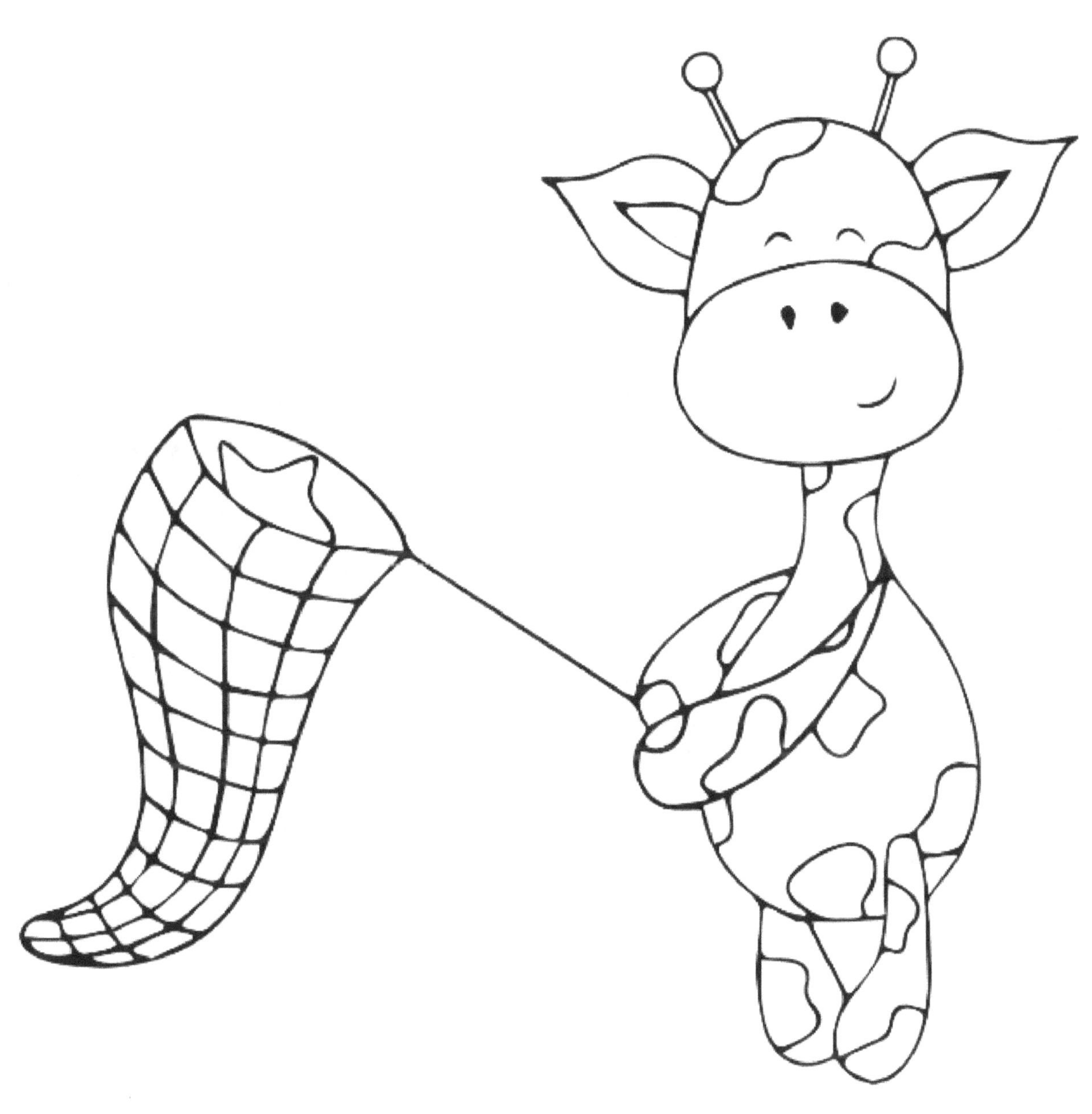

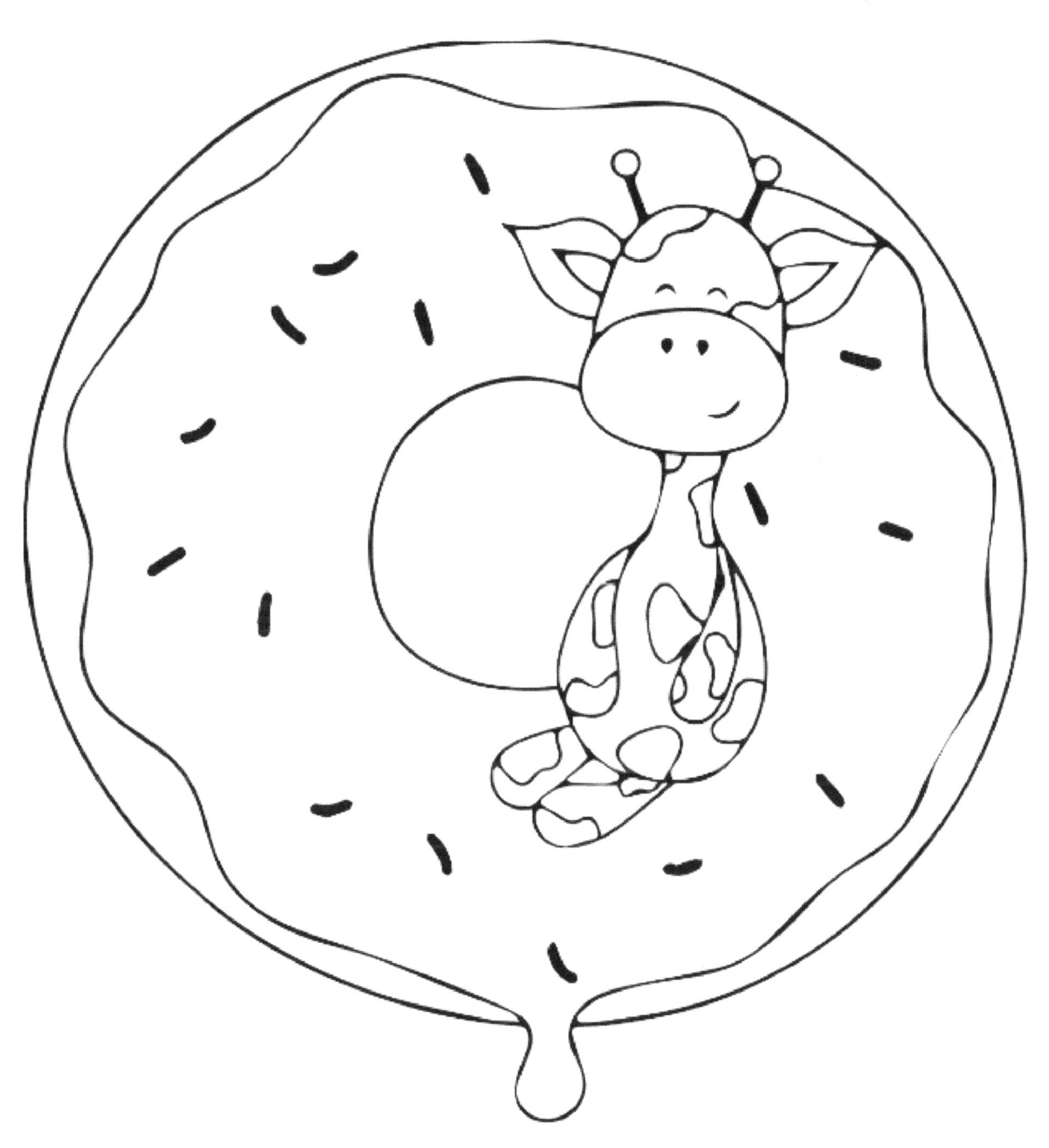

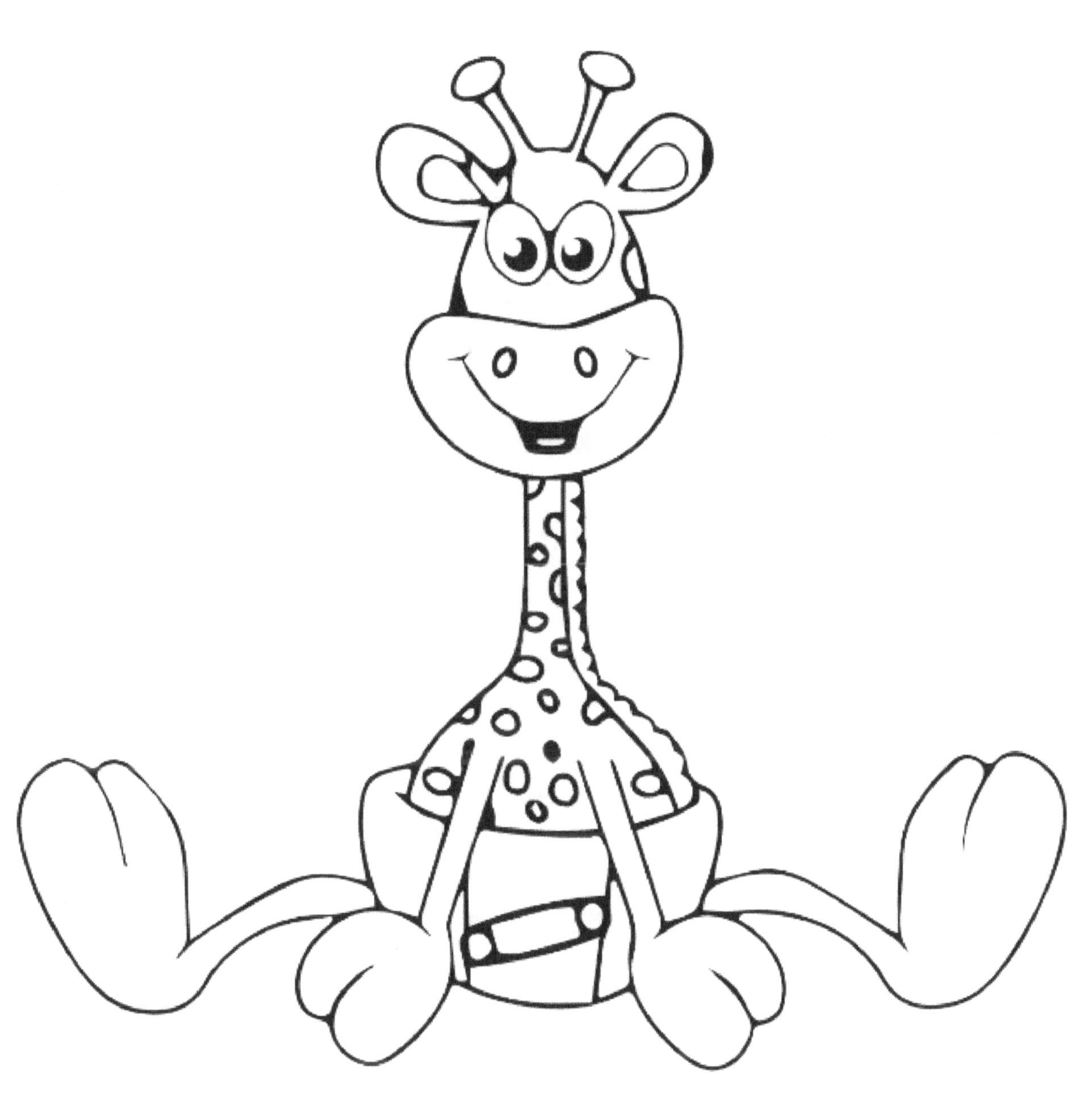

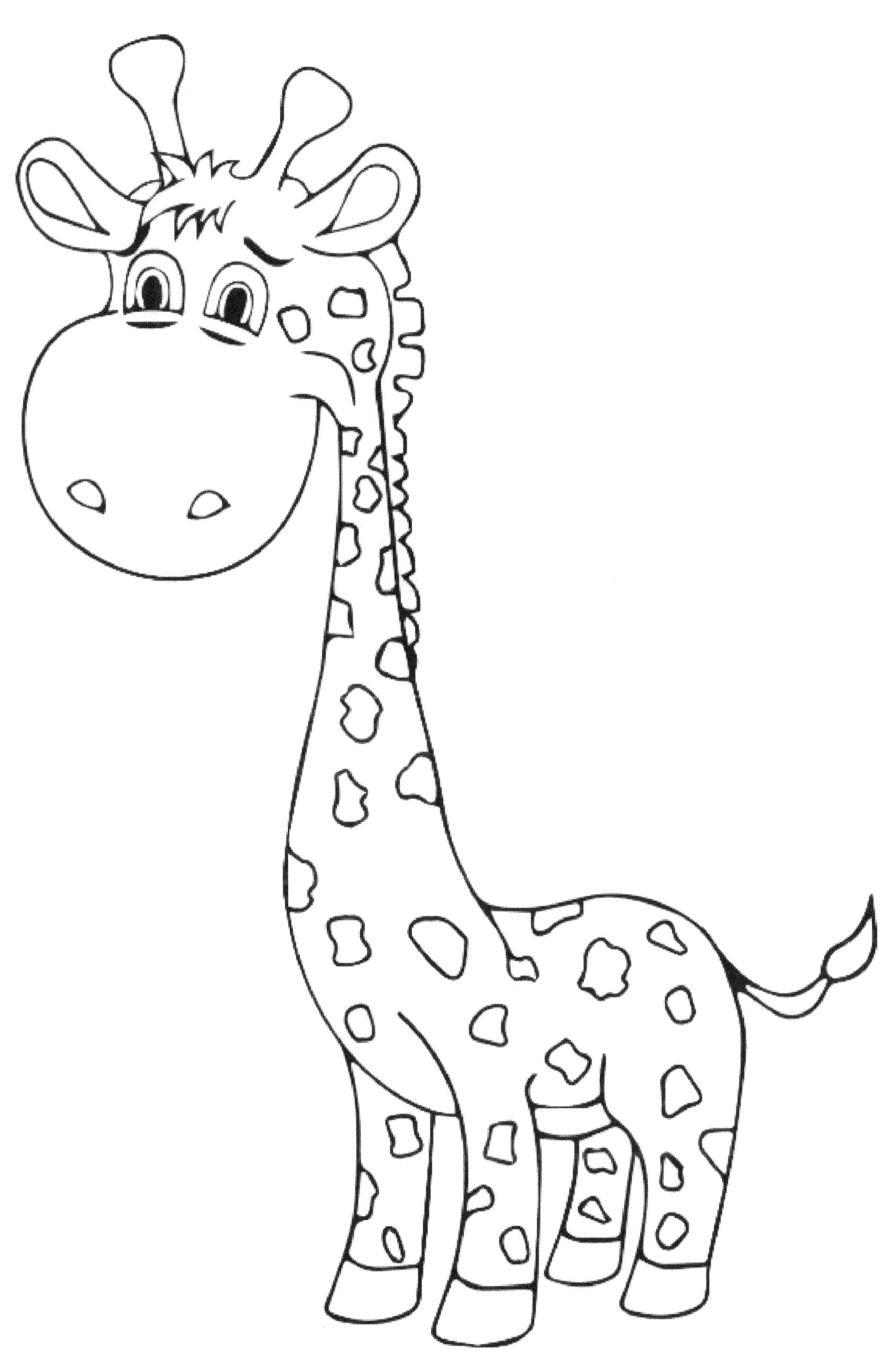

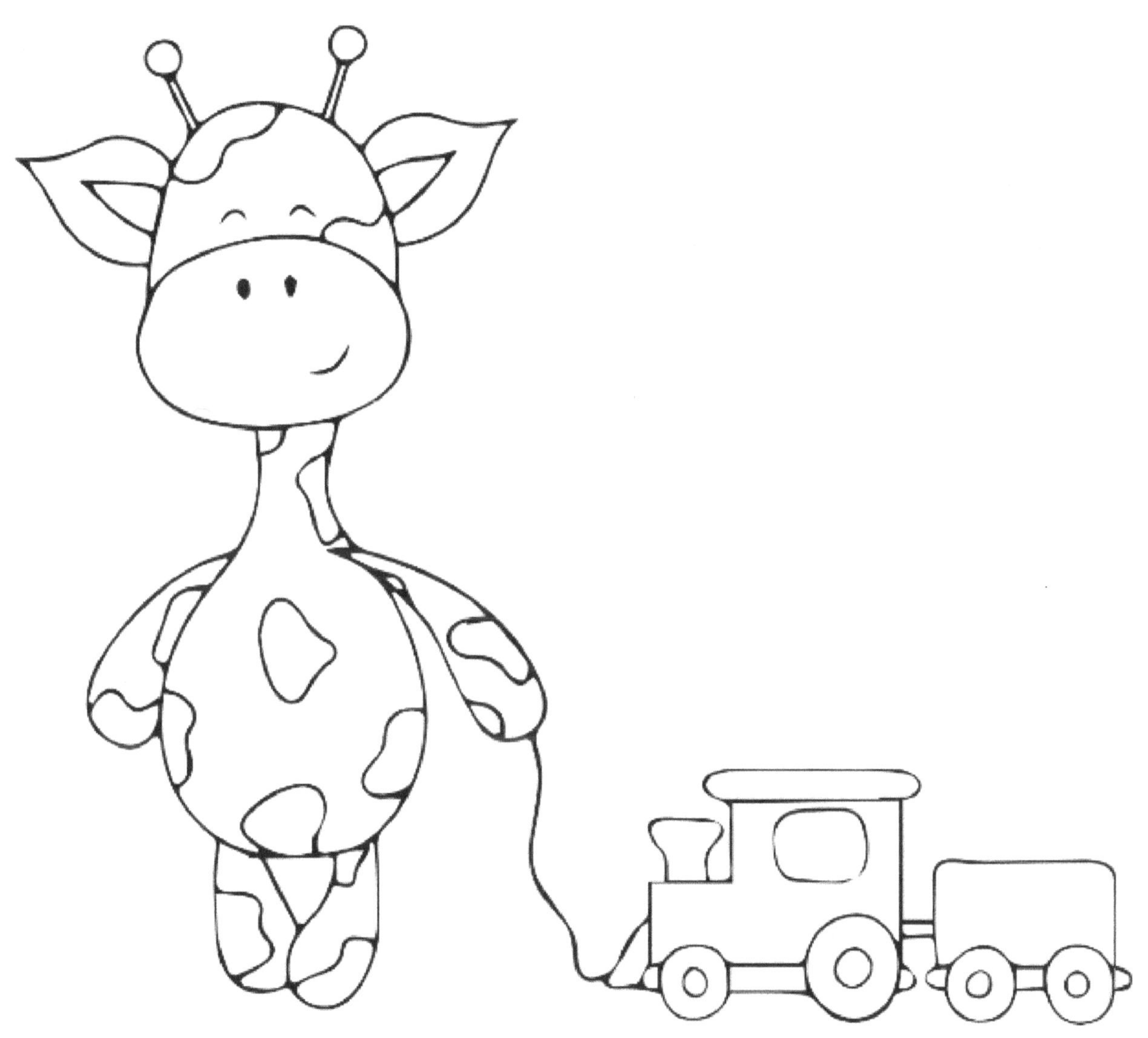

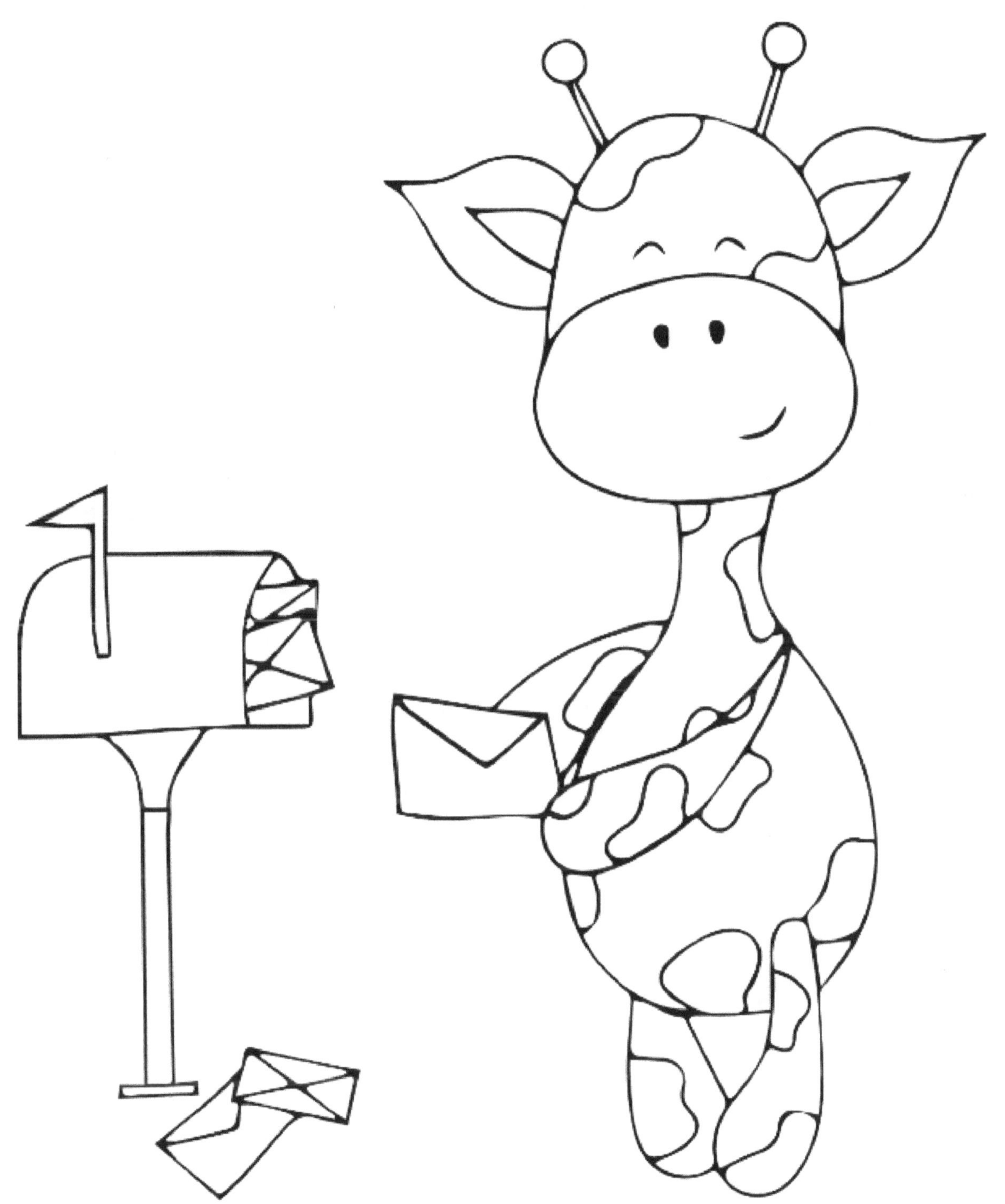

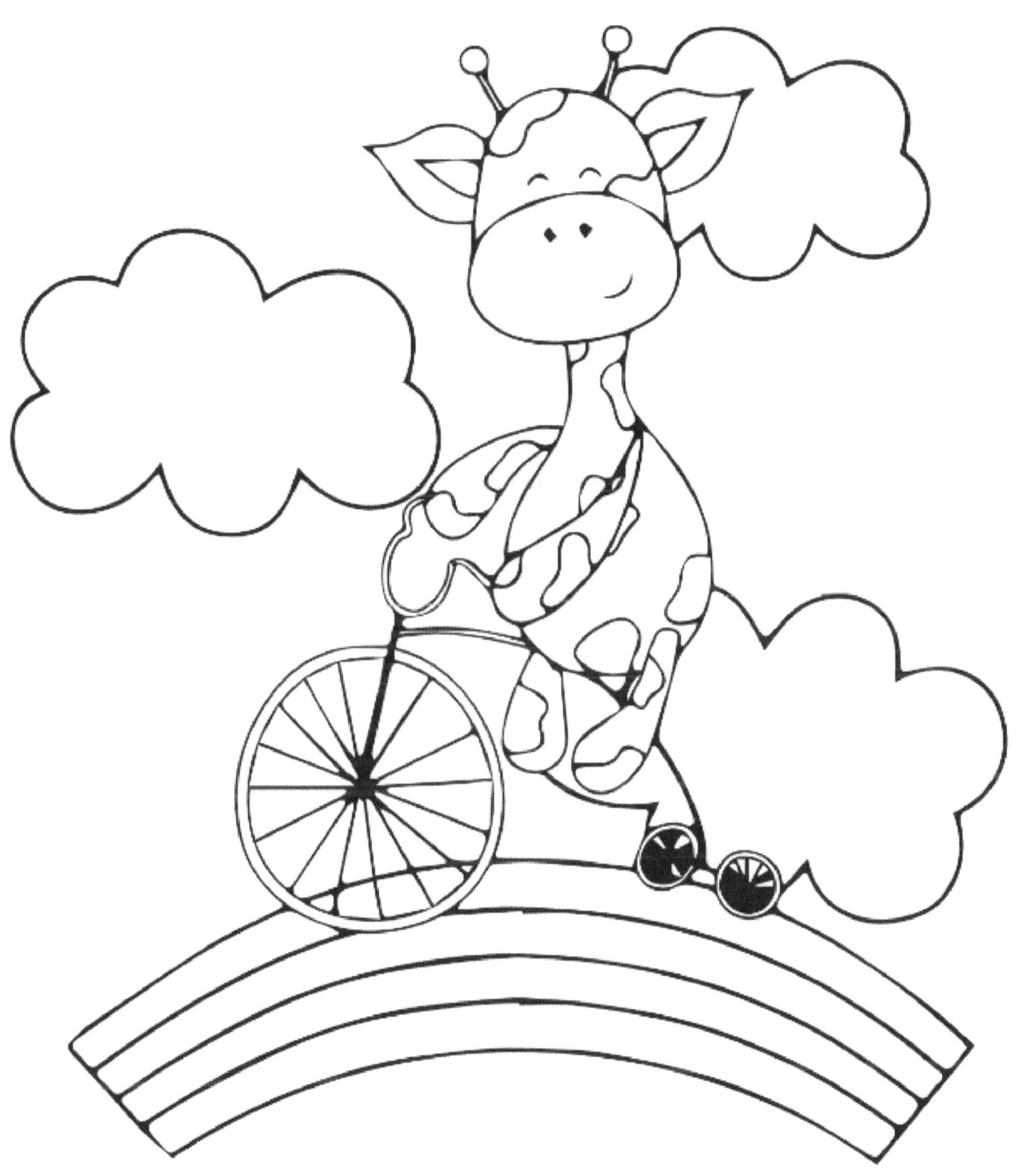

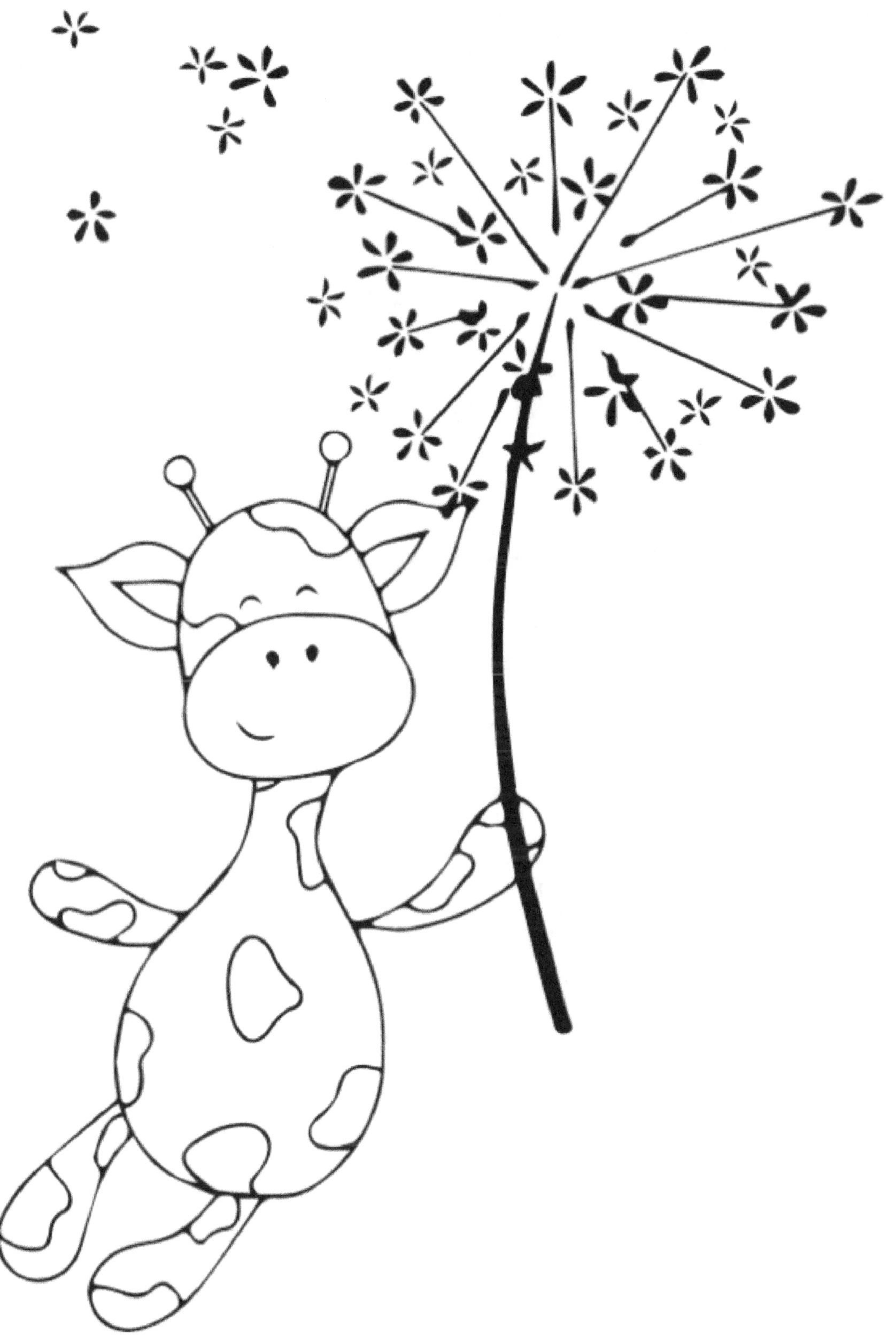

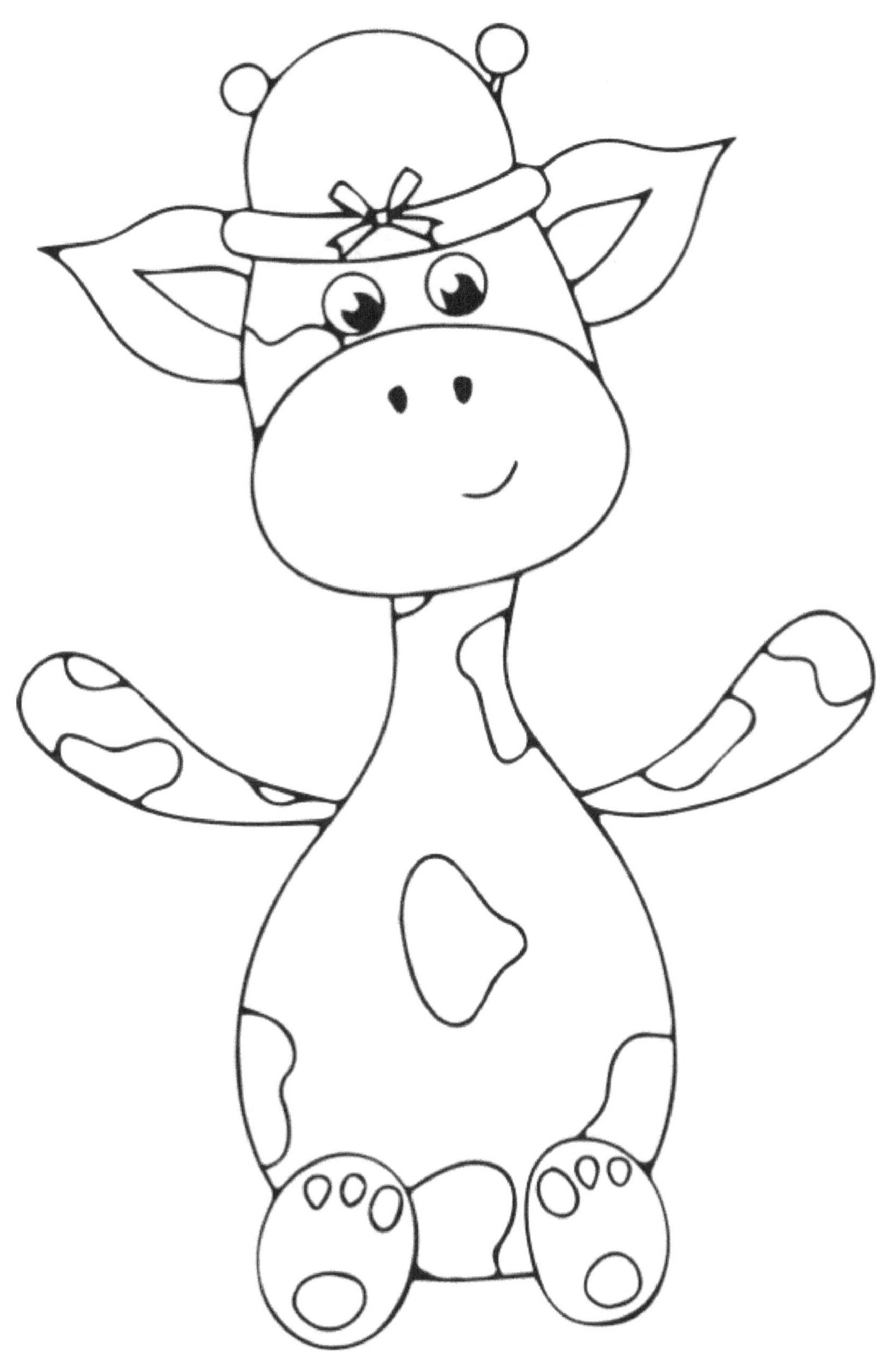

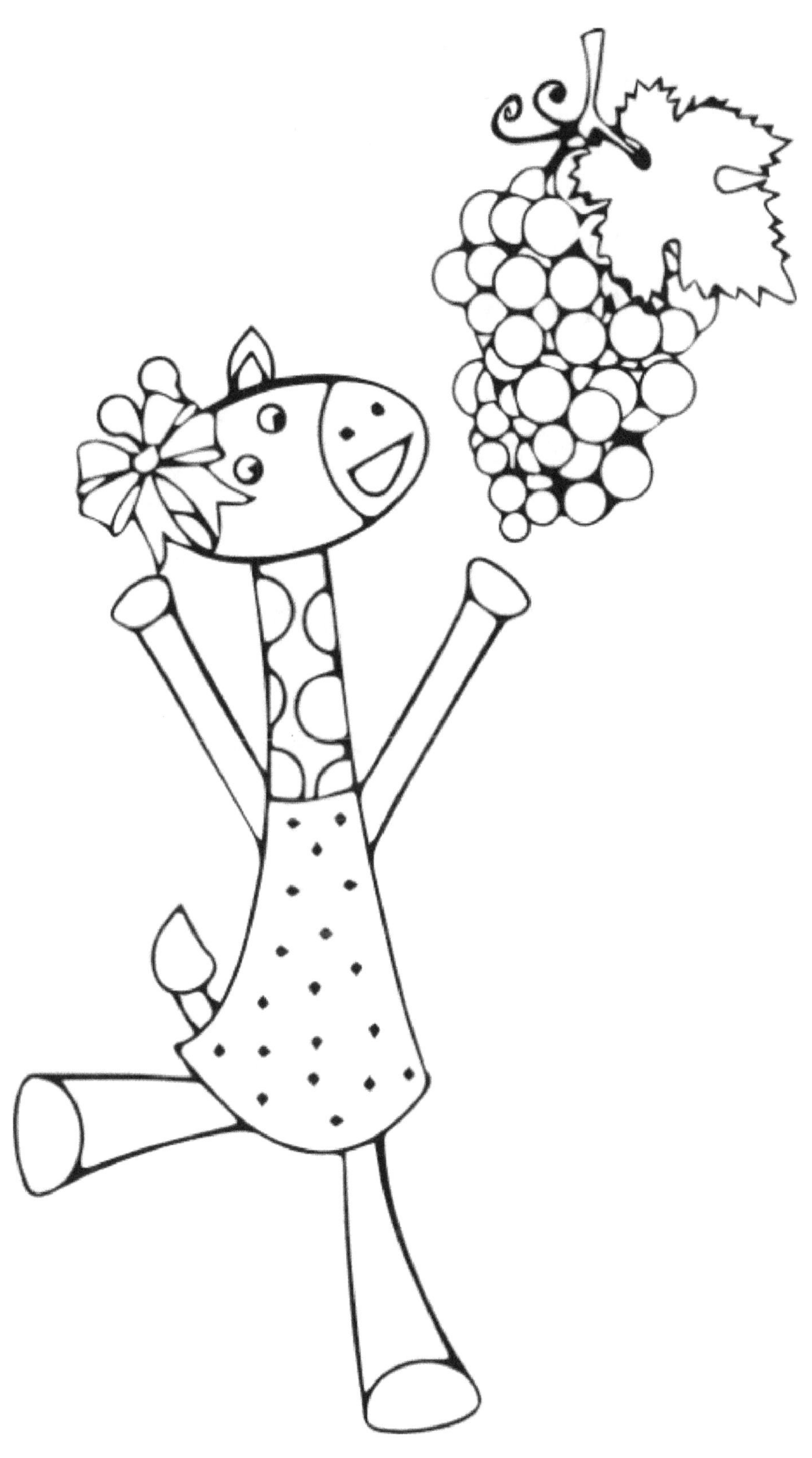

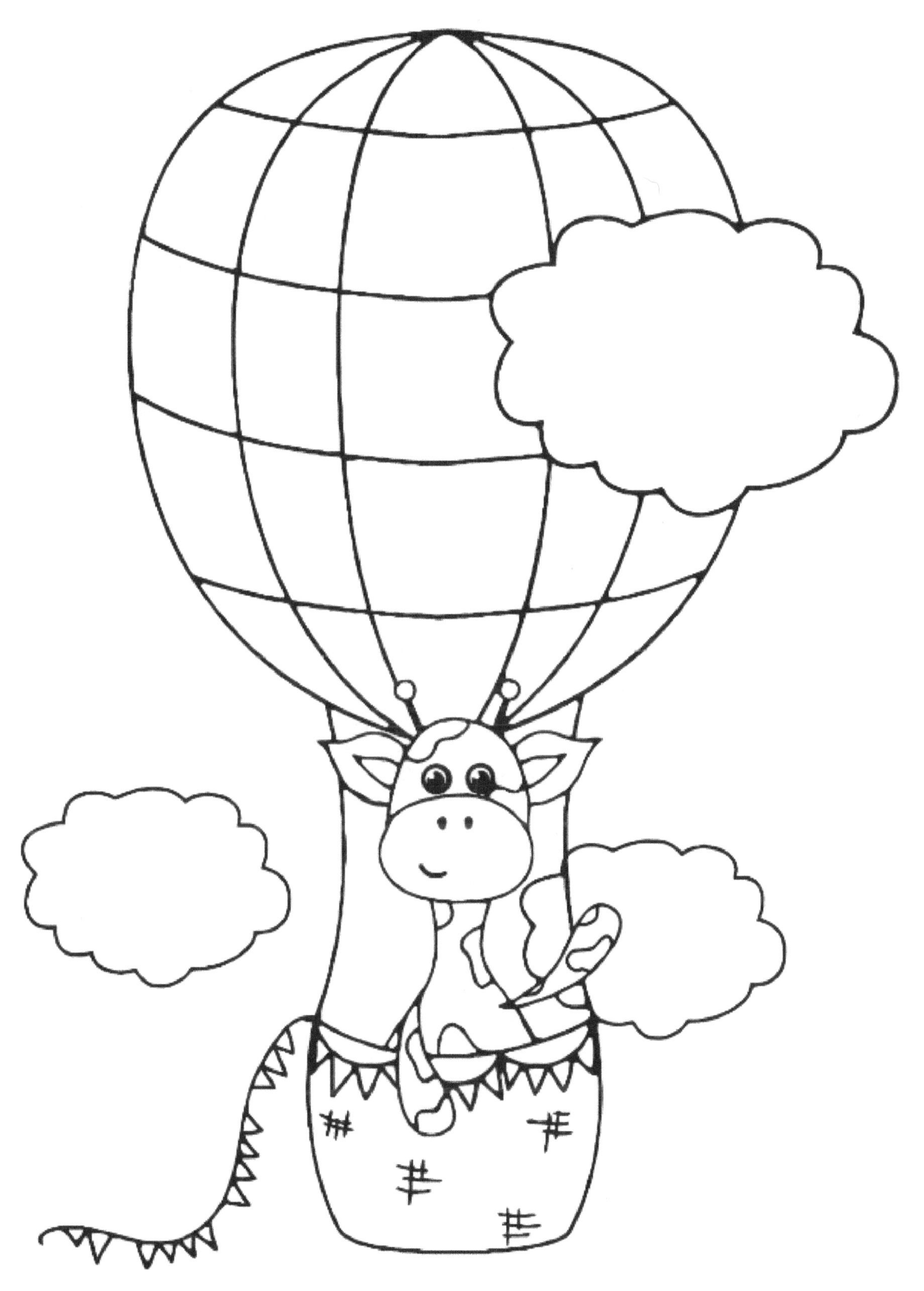

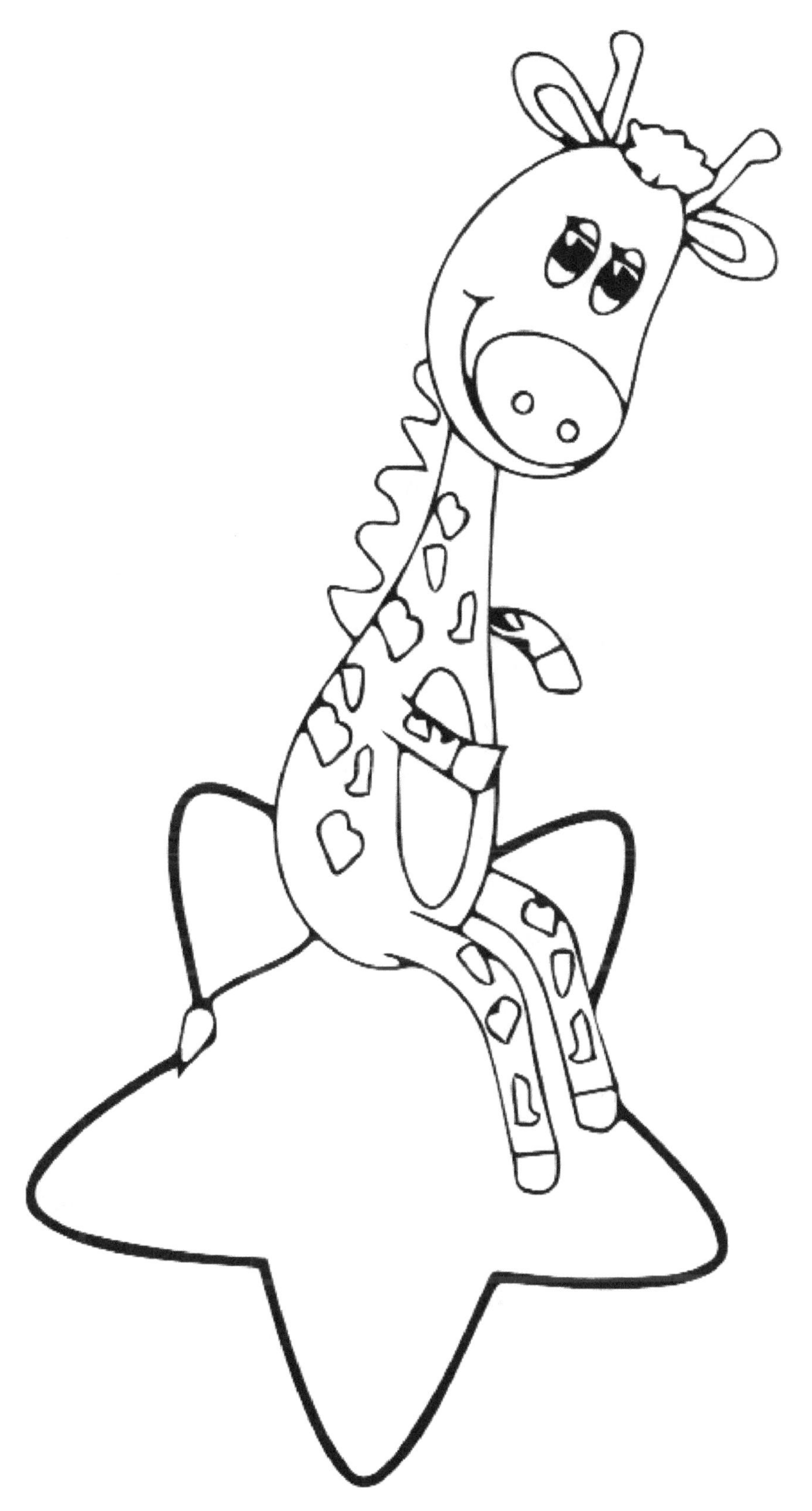

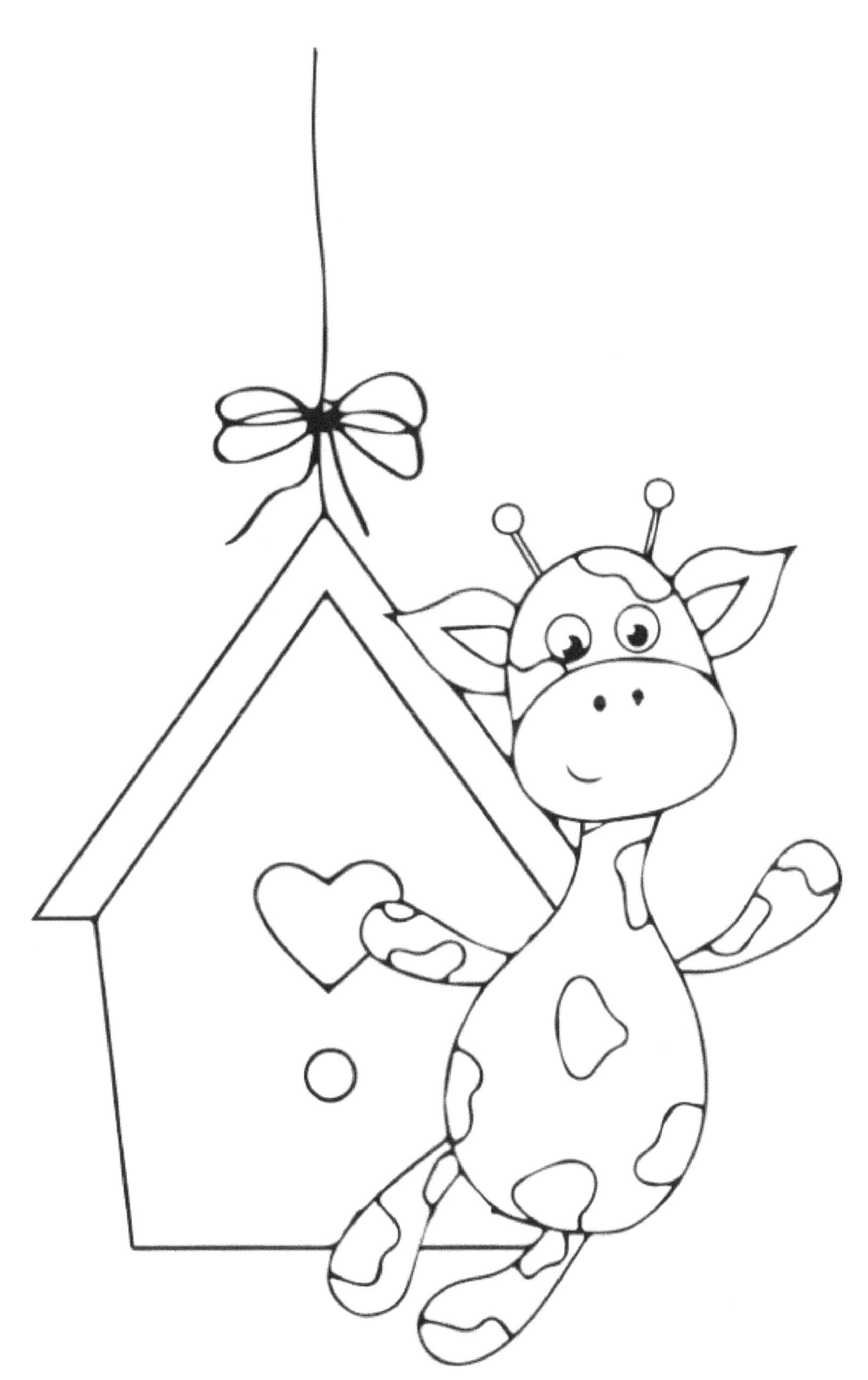

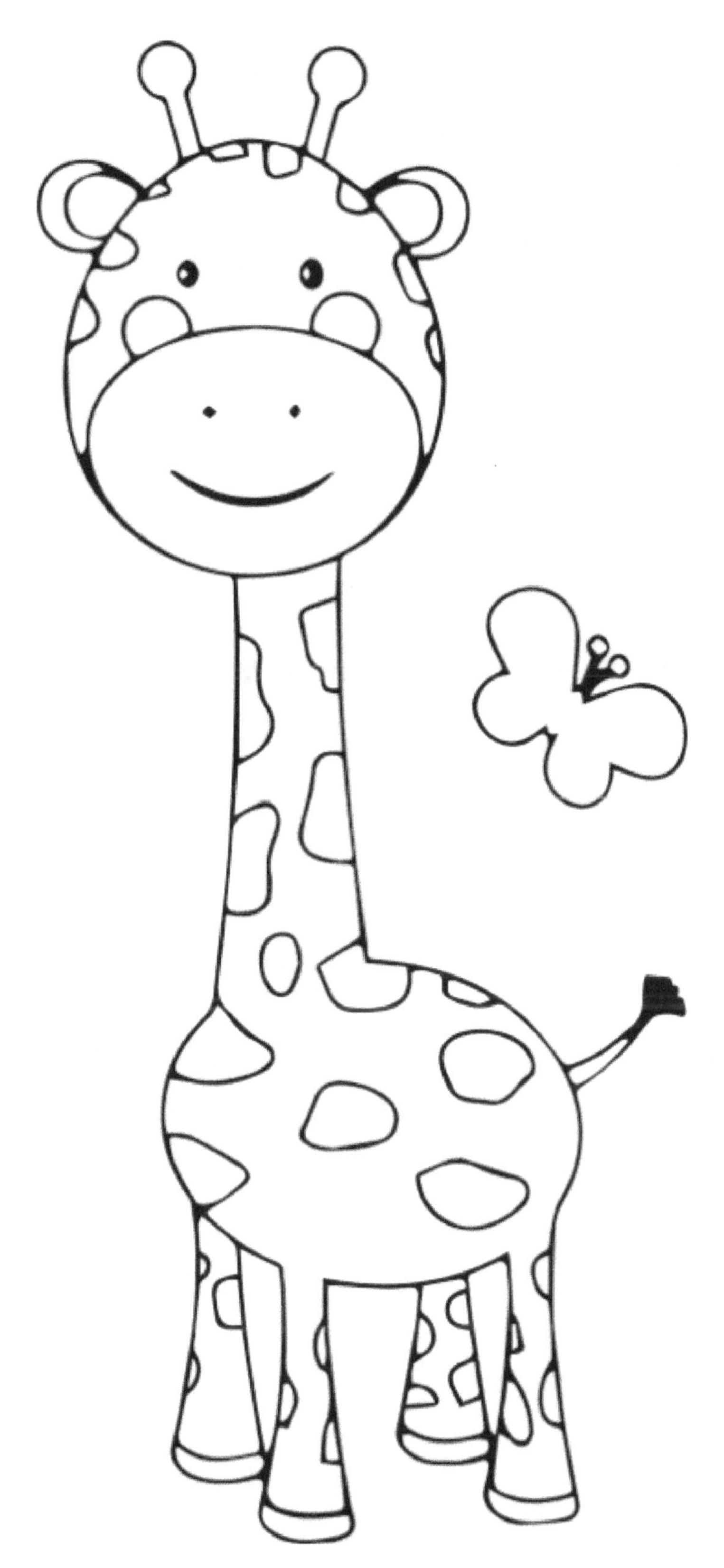

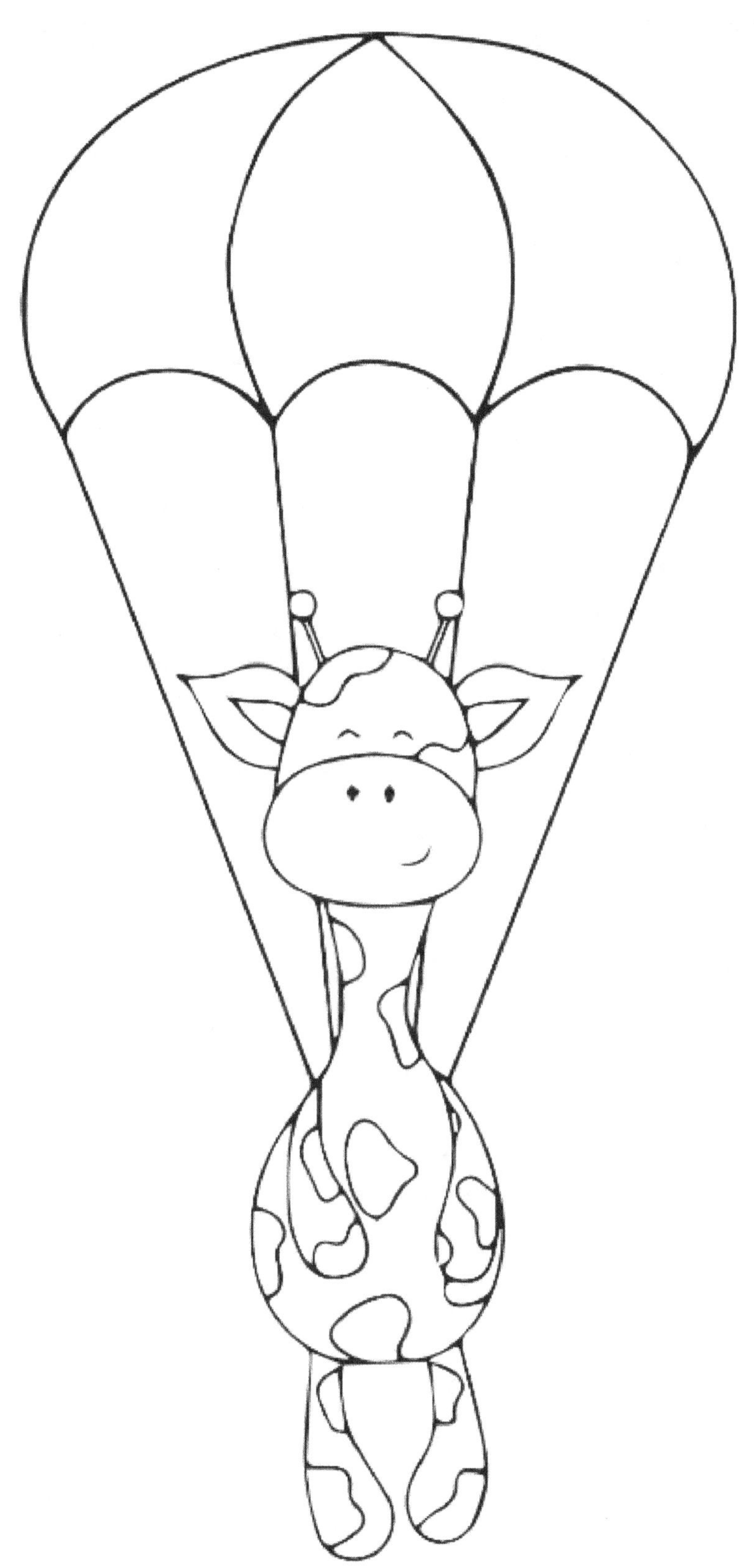

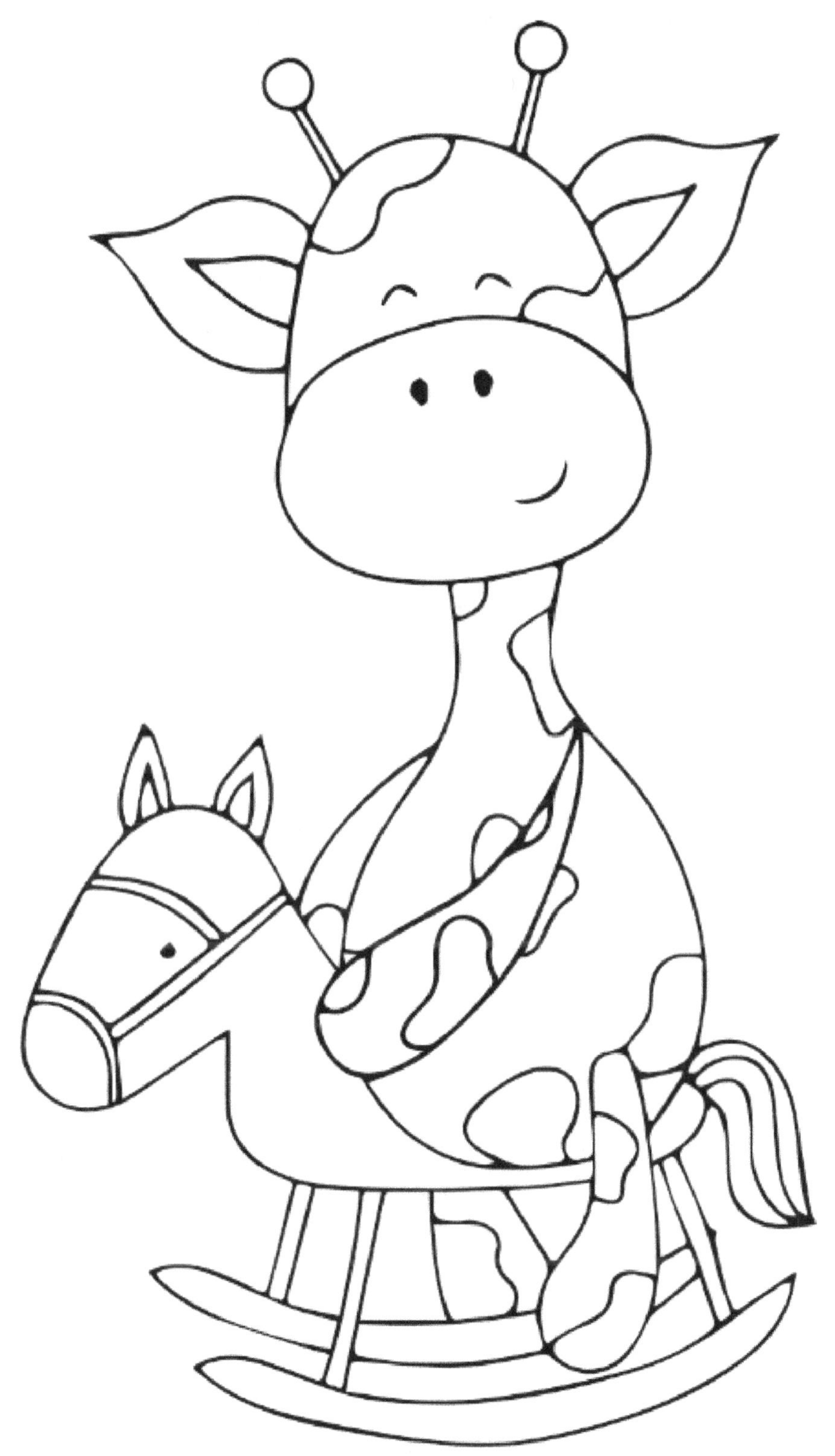

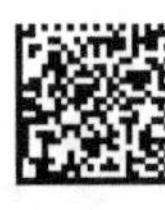